国際法務の技法

Technique of global legal affairs

芦原一郎
名取勝也
松下 正

中央経済社

はしがき

　本書『国際法務の技法』は，『法務の技法』（中央経済社，2014年）の続編です。と言っても，『国際法務の技法』では，社内弁護士経験者3名による共同執筆としました。

　さて，私たちが自分たちの経験やノウハウを単行本にまとめた理由は2つあります。

　1つ目は，『法務の技法』のはしがきで芦原が指摘した2点と同じです。つまり，それぞれの社内弁護士としての経験に区切りをつけることと，実際に使ってみよう，と思える応用可能な経験やノウハウを示すことです。
　このうち，区切りについては，執筆者3名それぞれがちょうど転機を迎えた，というタイミングが大きなきっかけとなりました。すなわち，松下はCOOとなり，名取は自らの法律事務所を立ち上げ，芦原はジェネラルカウンセルとなりました。それぞれの活動の場が変化したため，それ以前の場での経験をまとめておきたいと共感したのです。
　次に，ノウハウの開示については，3名が通ってきた道のりの違いから，それぞれの経験を持ち寄ればより幅広い道を示せる，と共感しました。
　このような状況から，『法務の技法』と同じ枠組みを活用して，国際法務に関するそれぞれの経験やノウハウを持ち寄り，まとめてみることにしたのです。

　2つ目は，後進の若い弁護士を応援したいという思いです。
　これは，私たちが社内弁護士の少なかった時代から社内弁護士であったことに関わります。私たちが社内弁護士になったのは，いずれもまだ20世紀の時代でしたが，当時は全国でも社内弁護士は100人もいませんでした。
　そのため，社内弁護士の仕事や役割等が十分に知られていなかったり，誤解されたりしたこともありました。

そのような状況でも，数少ない先輩から助言をもらったり，社内弁護士の存在が普通となっているアメリカやヨーロッパの情報やノウハウを参考にしながら，業務や役割を確立していったと自負しています。

そして，社内の経営者や社員，取引先等との軋轢や考えの対立等を経ながらも，徐々に社内での理解や信頼を得て行き，また，成長させてもらえたことを，感謝しています。

このような私達の経験や学習を後輩の弁護士たちが活用し，より効果的に社内における信頼と評価を高め，社内弁護士の活躍の幅を，もっともっと広げてほしいと思います。私たちは，まだ点として存在していますが，これを線につなげ，面に広げ，社内弁護士が活躍できる大きな広い場を作り上げて欲しいのです。

ところで，スマートさと努力の関係は，実務家としての経験と資格試験の関係と似ていると思います。しっかりと深く勉強し，試験で苦労すれば，それはそれで実務家となった後に生きてくるものがあるでしょう。若いときの苦労は買ってでもしろ，と言われる所以です。

けれども，逆に無駄な苦労もあります。もちろん，何の苦労も知らないひ弱な実務家になってはいけませんが，先に進めるときに先に進むタイミングを逃してしまうと，なかなか次の機会が巡ってこない場合もあるのです。

このような意味で，若い社内弁護士が，私たちの経験できなかった分野や，私たちではたどり着けなかった領域で活躍していただくために，私たちの経験やノウハウを要領よく活用してほしいのです。次の世代には，私たちを超えてほしいのです。

さて，最後に『法務の技法』のときと同じお願いです。

読んで「そんなものか」と思うだけでなく，ぜひ，実際の仕事の中で試してみてください。この書籍の性格上，経験やノウハウを具体的に表現するにも限界がありますし，実際に自分で使ってみることで，気づくことがたくさんあるからです。

そして，読者の皆さんそれぞれの"国際法務の技法"を積み上げていき，それをそれぞれの後輩に伝えながら，後輩を大きく育ててください。

はしがき

　繰り返しますが，読んで終わりにするのではなく，ぜひ実践してください。

　なお，本書の内容はいずれも私たち執筆者それぞれの個人的な見解であり，それぞれが所属し，関係してきたいかなる団体の見解ではないことを，予めご理解ください。

2016年5月吉日

　　　　　　　　　　芦原一郎，名取勝也，松下　正

目　次

はしがき

第1章
組織力アップ

1－1　コーポレートガバナンス，内部統制，コンプライアンス ···· *2*
1－2　コンプライアンス，法務，監査役 ································ *6*
1－3　Report（ing）Line① ··· *10*
1－4　Report（ing）Line② ··· *14*
1－5　法務の役割 ·· *18*
1－6　海外法務部のデザイン ·· *22*
1－7　海外法務部への挨拶回り ······································· *26*
1－8　Investigation ·· *30*

第2章
経営力アップ

2－1　契約 ·· *36*
2－2　リスクへの関わり ··· *40*
2－3　記述化，プロセス化，数値化 ································ *44*
2－4　海外の法律事務所 ··· *48*
2－5　日本の法律事務所 ··· *52*
2－6　本社が雇った法律事務所 ······································ *56*
2－7　メンタープログラム ·· *60*
2－8　法務のキャリア ·· *64*

第3章
防衛力アップ

- 3－1　賄賂対策①（統一ルール） ……………………………… *70*
- 3－2　賄賂対策②（現地ルール） ……………………………… *74*
- 3－3　We don't know yet. ……………………………………… *78*
- 3－4　メールで確認 …………………………………………… *82*
- 3－5　沈黙は危険なり ………………………………………… *86*

第4章
行動力アップ

- 4－1　Hard Positionを取る …………………………………… *92*
- 4－2　根回し …………………………………………………… *96*
- 4－3　外国人の説得 …………………………………………… *100*
- 4－4　謝罪文 …………………………………………………… *104*
- 4－5　契約書至上主義 ………………………………………… *108*
- 4－6　自分のチェックリスト ………………………………… *112*

第5章
コミュニケーション力アップ

- 5－1　大陸ヨーロッパ人との仕事 …………………………… *118*
- 5－2　中国人の価値観 ………………………………………… *122*
- 5－3　中国人との仕事 ………………………………………… *126*
- 5－4　雑談力 …………………………………………………… *130*
- 5－5　単語を重ねる …………………………………………… *134*
- 5－6　流暢でない英語 ………………………………………… *138*
- 5－7　Reputational Risk ……………………………………… *142*

| 5−8 | TO, CC, BCC | 146 |

第6章
英語力アップ

6−1	HearingよりもSpeaking	152
6−2	テンション	156
6−3	イメージの共有	160
6−4	シャドウィング	164
6−5	日本人の視線	168
6−6	そのまま返す	172
6−7	Illegal	176
6−8	Maybe？	180
6−9	Openということ	184
6−10	Academicと言われたら？	188

座談会 ……………………………………………………………… 193

第1章

組織力アップ

第1章　組織力アップ

1－1　コーポレートガバナンス, 内部統制, コンプライアンス

用語解説

　いずれも会社の経営体制全般にかかわりのある概念であること，いずれも不正行為に関連する問題であること，などから違いを理解しにくいが，経営者がすべきことを正しく理解するために，これらの概念の違いを正しく理解しなければならない。

事例

　法務部員Aが，法務部長Mを相手にぼやいている。
　日本子会社社長のPに，会社の経営体制に関し仕事を通して気づいた問題点を指摘した。Pがそのために法務があるのだろう，と言うから，いやそうではなくて，Pの意欲を会社全体で実現する体制作りの話だ，と説明したところ，それでもまだ理解できない，と言うのである。

▶対応例

　Aによると，続けてPが「本社の求める体制やプロセスも作ったし，定期的に本社報告もしている。本社報告は君たちもチェックしているはずだが？」と言うので，Aが「いや，それは内部統制です。お伝えしたいのは，コーポレートガバナンスの話です」と言っても，Pは今一つ腑に落ちていない様子だった，とのことです。
　MはAに対し，「君の説明は間違いではないが，もう少し具体的でわかりやすく説明できるように準備しておいた方がいいな」と話しました。

▶分析

　ガバナンスと内部統制とコンプライアンスは，どこか共通する概念です。難しく考える機会は別にあるでしょうから，ここでは「ラーメン屋の成長論」に

なぞらえて、具体的に理解しましょう。

1 個人事業（屋台営業期）

あなたが、まずは1人で屋台のラーメン屋を始めたとしましょう。

この段階から問題になるのが「コンプライアンス」です。

すなわち、食品の衛生や安全に関するルール、屋台の道路交通に関するルール、原材料や製品（ラーメン）の売買に関するルールなど、社会との接触が生じますので、社会的なルールを守る必要が発生します。利益が出れば、税金を払って社会に貢献しましょう。これらがすなわち、コンプライアンスです。

他方、この段階では「ガバナンス」「内部統制」は問題になりません。

他人を使っておらず、他人との関係を規律する必要がないからです[1]。

2 ビジネス化（1店舗期）

さて、あなたの人柄と丁寧な仕事が評判を呼び、屋台では手一杯です。店舗を借り、アルバイトや店員も雇って、業容を拡大することにしましょう。

この段階でも、引き続き「コンプライアンス」が問題になります。

すなわち、食品の衛生や安全、原材料や製品の売買、税金などに関するルールが問題になるのです。道路交通に関するルールは関係が薄くなりますが、その代わり不動産利用（賃貸借契約や防災に関するルール）や雇用（労働基準、労働安全、社会保険など）に関するルールが問題になってきます。

さらに、「内部統制」も問題になってきます。

すなわち、他人を使うことに伴って新たな問題が発生します。当初「こだわり」は自分だけで完結していました。ところが、「こだわり」はもはや自分一人だけの問題ではなくなり、経営の意思として、アルバイトや店員全員に実行してもらう必要が出てきました。この経営の意思を不正なく、誤りなく、ムダなく実行されるようにするのが内部統制の問題です。

店員が期待通りの味を出しているか、釣り銭をごまかさないか、材料をムダ

---

1 客の信頼を得るために、ラーメンの品質や営業時間、接客態度など、自分を規律する必要があります。これは、のちにガバナンスや内部統制の重要な核になりますが、自分自身の問題なので、3つのいずれの問題にも該当しません。

に使わないかを内部統制の仕組みで防止するのです。具体的な方法として，ラーメンの仕込みや調理，接客に関するマニュアルのようなものが形の見えるものですが，それだけでなく，実際にそれをどのように守らせていくのか，という運用や教育，指導など，形に見えない問題もあります。

ところが，「ガバナンス」は問題になりません。

まだ自分がオーナーかつ店長として直接経営し，自分が経営判断を行い，その結果もすべて本人に帰属するので，エージェント＝プリンシプルの原則は問題にならないのです。

3　業容拡大（複数店舗期）

さらにあなたの店は繁盛し，出資者が現われて，チェーン展開することになりました。

この段階でも，「コンプライアンス」「内部統制」が問題になります。

すなわち，守るべき社会的ルールがあり（コンプライアンス），あなたの経営の意思がすべてのラーメン屋内部で不正なく，誤りなく，ムダなく実行されなければならないからです（内部統制）。

さらに，「ガバナンス」も問題になってきます。

あなたと出資者は，あなたが経営上の判断をできるのはどこまでか，どこからは出資者の了解をとらなければならないか決める必要があります。また，あなたの報酬をあなたひとりで決めることは，もはや適当ではないでしょう。

これは，株主と取締役の関係と同じです。

会社法は，所有と経営を分離させるためのツールですが，一方で経営者の自由な判断を尊重しつつ，他方で所有者を裏切らず，その負託に応えるような関係を規律しているのです。「信託」と同様の関係と言われます。

4　コーポレートガバナンスと内部統制の違い

コーポレートガバナンスは，組織の基本的あり方，意思決定の仕組み，トップ人事などを通じて，経営者を牽制する制度です。

それは，所有と経営の分離からくる制度で，株主の代理人である経営者が，株主に対して不利益を働かないようにするための制度です。単純化して言えば

株主が「社長を」コントロールするための制度です。

　一方，内部統制は，組織の内部において，その組織の長（社長，CEO）の意思が，不正，誤り，ムダなく遂行されることを目的とします。そのため，経営者自身に対する牽制の要素はありません。したがって，内部統制をいくら強化しても，社長の不正は防げません。言わば「社長が」会社をコントロールするための制度です。

　規範という意味で，「コーポレートガバナンス」と「内部統制」のいずれにとってもコンプライアンスは重要な要素となります。しかし，それぞれ利益対立や効率性といった規範と異なる要素を含んでいる点がコンプライアンスと異なります。また，コンプライアンスは，他のステークホルダーも対象となるより広い概念です。それぞれの手法をみれば重なるところもありますが，本来はその目的が質的に異なるのです。

5　おわりに

　これを，グループ企業における子会社管理について考えてみましょう。子会社独自のガバナンスを考えるか，グループ企業全体での内部統制で足りるとするか，議論の分かれるところです。

　一般に，子会社が合弁会社や上場子会社の場合は，やはり独自のガバナンスが必要です。他のステークホルダーがいるため，「所有と経営の分離」した状態と同様の説明責任を果たす必要があるからです。

　他方，100％子会社の場合は，これを親会社の1部門として扱い，内部統制的に管理するほうが，コストが安くつきます。1人で複数の店舗の店長を兼ねる場合と同じ考え方です。本問で，仮にPが親会社の指示に従い，内部統制は整備したものの，合弁の少数株主への配慮が足りないこととなれば，コーポレートガバナンス上問題を残すことになります。

　いずれにしろ，組織的に人を使う場合に考慮すべき問題を整理する概念として，これら3つの概念の違いを理解しておきましょう。

第1章 組織力アップ

1-2 コンプライアンス，法務，監査役

用語解説

いずれもルールにかかわりがあり，会社組織上の部門や機能であり，営業成績などに直接貢献しないこと，などから違いを理解しにくいが，会社組織を適切に構築していくために，これらの概念の違いを正しく理解させなければならない。

事例

法務部員Aが，法務部長Mを相手にぼやいている。
法務部の業務範囲が広くなり，日本子会社社長のPに，コンプライアンス部を別に独立させた方が良いと話をしたところ，Pは，監査役がいるうえに法務部も作ったのに，それらとどこが違うのだ，と言うから，いやそうではなくて，ルールを徹底させる機能のことだ，と説明したところ，それでもまだ理解できない，と言うのである。

▶ 対応例

Aによれば，これに対しPが「変なことをしないようにチェックする役割だろう？ どこが違うんだ？」と言うので，Aが「それがいろいろと違うんです。事前なのか事後なのか，個別に対応するのかマスに対応するのか，などの組み合わせで違いが生ずるのです」と言っても，Pは今一つ腑に落ちていない様子だった，とのことです。

MはAに対し，「君の説明は間違いではないが，もう少し本質的な役割の違いを分かりやすく説明できるように準備しておいた方がいいな」と話しました。

▶ 分析

コンプライアンス，法務，監査役のほか，リスク管理，危機管理，内部監査など，ルールやリスクに関係のある間接部門（お金を稼がない部門）の種類が

随分と増えました。もちろん、会社の実情に応じて上手に組み合わせれば良く、このすべてを会社の中に設けなければいけない、というわけではありません。

しかし、それぞれの違いを理解しておけば、たとえ複数の機能を一つの部門に持たせていてもその役割を明確にできますので、この機会にそれぞれの機能のポイントを整理しておきましょう[1]。

1　監査役（外部取締役，独立取締役）

まず、監査役から検討します。他の部門と位置付けが異なるからです。

ここで、「所有と経営の分離」を思い出してください[2]。経営者に投資する投資家（所有者）は、経営には口を出さず、経営者に大きな権限と責任を負わせますが、経営者が好き放題をしないように、牽制が必要です。その1つが監査役です（外部取締役や独立取締役がこれに該当する場合もあります）。

すなわち、経営者の作り上げた会社の組織体制やルール、プロセスが適切なものか、ちゃんと機能しているかをチェックし、株主に報告するのです。

特徴の1つ目は、レポートライン[3]が、株主や株主側の機関（たとえば独立社外取締役会や監査役会など）であることです。会社が適切に機能しているかどうかを、主にその仕組みなどからチェックし、投資家を安心させるのです。

特徴の2つ目は、経営に口出ししない点です。所有と経営の分離した中での投資家側の機関ですので、投資家と同じ立場で仕事をするのです。経営に関与してしまうと、経営に対して投資家が口を出したことになってしまい、責任が曖昧になりますから、原則として事後監査が業務の中心となります。

これに対して他の部門は、いずれも経営側の機関です。経営側が経営判断を行うために貢献する機関であり、事後的な関与にとどまらないのです。

なお、内部監査部門も経営側の機関です。もちろん、監査役と同様、事後的にも業務内容やプロセスをチェックしますし、監査役の下に内部監査部門を設置すれば代表取締役や経営側に対する牽制機能が上がります。

1　ここでの整理は、あくまでも理念形です。日本の会社法制度などの解釈にかかわるものではありません。
2　【1－1　コーポレートガバナンス，内部統制，コンプライアンス】2頁参照。
3　【1－3　Report（ing）Line①】10頁，【1－4　Report（ing）Line②】14頁参照。

けれども，日本の法制度上は経営側の視点から監査を行いますので，監査役と異なるのです[4]。

2 リスク管理と危機管理

　次にリスク管理と危機管理です。危機管理は，リスクの中でも特に大きな危機的な事態への対策を講じますが，本書で検討する範囲ではリスク管理の一部と見ることができますので，リスク管理でこれを代表させます[5]。

　ここでリスク管理は，経営判断に重要な「リスク」に関する情報を提供します。企業経営は営利を目的にしますが，そのためには冷静にリスクを見極め，適切にこれをコントロールして，避けるべきリスクは避け，チャレンジするときには果敢にリスクを取る決断をする必要があるのです。

　この中で，リスク管理は自ら具体的な業務を担当するのではなく，むしろそれぞれの部門の事業を分析してリスクを見つけたり，測定したりします。この点では監査役と似ています。

　けれどもリスク管理は，経営側の機関ですので，監査役と異なる業務も担います。すなわち，そのリスクを減らすための対応を各部門にアドバイスしたり，リスクの状況を経営に伝えて経営判断を助けたりするのです。

　そこには，法的なリスクも含まれますので，コンプライアンスや法務と重なる部分が生じます。実際そのような場合には，コンプライアンスや法務の意見を尊重することになりますが，あくまでも会社経営に伴ってどのようなリスクがあり，どのようにコントロールされているのかを把握し，対応をアドバイスしますので，視点がよりビジネス的です[6]。

3 コンプライアンスと法務

　この両者はともに法的な問題に関与します。両者の区別も相対的で，いくつ

---

[4] とは言うものの，監査役にいくら権限があっても，社内の情報を得られなければ十分機能しませんので，内部監査部や会計監査人などと監査役との情報共有を社内制度化するなどの工夫が必要です。
[5] 厳密には，危機管理の場合には具体的な対策を自ら講じることになりますが，リスク管理は，本文にあるように自ら対策を講じない，という差があります。
[6] 【2－2　リスクへの関わり】40頁参照。

かの考え方があります。

1つ目は，その業界固有のルールに関するものがコンプライアンスであり，その他ルール全般が法務という整理です。関与する分野による区別です。

2つ目は，社内ルールを徹底させることによって会社全体の法的リスクをコントロールしようとするのがコンプライアンスであり，個別案件ごとに法的リスクへの対応を検討するのが法務という整理です。機能に着目した区別です。

この2つは，突き詰めると相容れない場面も出てきますが，特に金融業界などではほぼ重なります。そこでのコンプライアンスは，金融庁などの定める詳細なルールを全社的に徹底するために社内ルールを制定し，その遵守を徹底させるために，社内研修や業務プロセスの見直しなどをリードします。

そうすると，実際に重要なのは2つ目のポイントです。

コンプライアンスは，社内に一定のルールを設け，それを全社的に守らせることによって全社的な底上げをし，法的なリスクを減らします。社内ルールの作成や徹底のための各種施策など，実際に具体的な業務を分担します。単なるアドバイスなどにとどまるリスク管理や法務と，その点が異なります。

これに対して法務は，全社的なルールでは対応できない法的な問題について，個別に対応策を検討しますので，せっかくコンプライアンスが徹底しようとしている問題について，例外を認めてしまう場合も出てきます。同じ法的なリスクへの対応について，手法が異なるのです。

4 おわりに

こうしてみると，法務とリスク管理の役割が非常に似ていることに気づきます。実際，欧米の企業でのジェネラルカウンセルは，会社経営の一員として経営判断に関与し，法的なリスクにとどまらず，全社的な観点から経営にアドバイスをしています。さらに多くの場合，その配下には法務だけでなくコンプライアンスも置かれていますので，ここで検討した各部門のうち，監査役を除くすべての機能の統括者なのです。

このように各部門の違いは相対的ですが，所有者側か経営側か，事前か事後か，業務を実際に担当するかアドバイスなどにとどまるか，などの違いを理解し，会社の組織設計に役立ててください。

第1章　組織力アップ

1−3　Report (ing) Line ①

用語解説

外資系企業では「Whom are you reporting to?」と尋ねられる。入社の際も「自分は誰にreportすることになるのか？」を気にする人が多い。日本企業における上司と部下の関係と異なる面を理解しておくことが重要。

事例

　　Aは，日本企業から転職してきた法務部員であり，日本とアメリカの弁護士資格を有することから，アメリカ人法務部長Xの下での日本子会社の法務部の基盤作りを期待されている。
　　ところがある日，Xが顔を真っ赤にして怒りながら戻ってきて，いきなりAを怒鳴りつけた。Aが他部門との会議の中で，Xの仕事のやり方を非難した，と言うのである。

▶対応例

　身に覚えがなく，驚いたAが根気強くXの話を聞いたところによれば，事務部門の部門長や担当者との会議の中でのAの軽い冗談のような話がXの耳に入り，Xを激怒させたらしいことが分かりました。
　具体的には，事務部門の問題のある社員の処遇に関する相談の際，Aが
「アメリカ人弁護士のXさんならすぐに解雇だと言い出しますね，きっと。日本の労働法のことはまだ詳しくなさそうだから，アメリカの労働法との違いから説明しないといけないですね」
と話したことが，Xの耳には，
「Xは日本の法律を理解しようとしない，AはいつもXに振りまわされて苦労している」
と届いたらしいのです。
　Aは必死に，実際の発言の様子や，悪意がなかったこと，結果的にはむしろ

自分とXとの関係が良好という印象を与えたはずである，などと訴えました。

けれどもXは，

「Aの意図や日本人の受け止め方が本当にそうなのか，まだ納得はしていないが，言いたいことは理解した」

「しかし，私が怒ったのはそんなことではない。私は，ジョークの対象になった程度で怒るような，料簡の狭い人間ではない（さて，どうでしょう？）」

「問題は，法務という重要な機能を担う，しかもプロである弁護士同士が，見解を異にしている可能性があることを示してしまったこと，私が同じプロである弁護士をコントロールできていないと思わせてしまったことだ。これは，法務の機能に対する信頼を損ねかねないものであり，我々の業務遂行の大きな支障になりかねない。特に我々は，法務の機能をこれから強くしていかなければならない大事な時期にあり，最初だからこそ，一枚岩であることを印象づけなければならないのだ」

と説明しました。

結局，AはXに対し，Xのいないところで，Xの悪口やXとAの関係を疑わせるような発言をしないことを約束することになりました。

▶ 分 析

アメリカ人に限らず，弁護士はプライドが高く口が達者で面倒だ，などと簡単に話を括ってしまうのではなく，外資系企業の法務の機能の問題として検討しましょう。

さて，日本企業でも外資系企業でも，上司が部下に対して業務上の指示を出し，部下が上司に対してその遂行状況を報告します。

このように見ると，上司という言葉とReport Lineという言葉は，同じ現象を説明する際の見る位置の違いだけのようにも思われます。

すなわち，どのように表現するにしても，指揮命令系統は，組織が組織として機能するための基本的な構成要素です。このような指揮命令系統は，軍隊組織のあり方に由来するといわれているように，上位者による指揮命令はほぼ絶対であり，それが上から下まで明確な経路により伝達されます。同時に，下位からの情報は同じ経路で上位者に伝えられます。

ところが，外資系企業（特に米系企業）の場合には，このReport Lineが日本企業での上司部下の関係よりも厳格であるように思われます。

その違いを理解しておきましょう。

1　上司とReport Lineの違い

外資系企業の場合，誰にReportするか，すなわち直属の上司は誰か，ということは極めて重要な要素となります。Report先のポジション（職位）が，自らのポジションを決めるからです。

たとえば，最高法務責任者であるGeneral Counsel（GC）が，会社のトップであるCEO（最高経営責任者）に直接Reportするのか，ナンバー２であるCOO（最高執行責任者）へReportするに過ぎないのかで，GCの社内における位置付け（それに伴う権限等も）が少なからず変わってきます。

これが，CEOに対してReportする場合には，会社業務全般についてアドバイスする，という側面が強くなります。場合によっては，業務執行のあり方についての問題提起も可能になります。

ところが，COOに対してReportする場合には，会社業務全般というよりは，業務執行のあり方をサポートする，という側面が強くなります。COOとCEOの立場が対立する場合や矛盾する場合には，どうしてもCOOの立場に対する配慮が必要になってきます。

他方，日本企業の場合，上司が多少変わったとしても，仕事の内容や進め方に大きな差が出ない場合が，外資系企業よりも多いように思われます。誰のために働くのか，ということよりも，会社の中でどのような業務を担当しているのか，ということの方が重要だからです。

また，日本企業では異動によって部門が変わった後にも，かつての部門から相談を受けたり，かつての部門に関与したり，さらには現在の部門とかつての部門の両方にまたがる案件を担当したりすることがあります。かつての上司からの依頼にも比較的柔軟に応じている場合が多いでしょう。

これに対して，外資系企業では，昨日まで直属の上司であった者の要求に対しても，"I'm not reporting to you now."として平気で拒否できます。むしろ，Report Line以外の者からの指示を拒否することが求められるのです。

2 背景

では、このような違いはどこから生ずるのでしょうか。

一番の原因は、人事権の所在の違いでしょう。

すなわち、外資系企業の場合には、部門を任されているリーダーが人事予算を与えられていますから、自分にとって必要な人材を自分で採用し、不要な人材を自分で整理します。部門間での人事異動は、通常想定されていません。社外への転職も社内での異動も、機会と条件が合致した場合に発生するだけのことで、両者間に質的な違いはありません。

このような状況では、上司の指示や評価は絶対です。原則として直属の上司にのみ報告し、業務の指示や命令を受けることが求められます。直属の上司を飛び越えてその上の上司に報告や相談等をすること（エスカレーション）は、直属上司の指示や命令等に重大な問題があると考えられる場合に限定されます。

他方、日本企業の場合には、会社が全体として有用な人材を採用し、不要な人材も会社が全体的に判断して整理します。人事部門が会社内部での人材の適切な配属の責任を担っている場合が多く、キャリアアップも会社内の異動などを重ねることによって行われ、転職は未だ例外といって良いでしょう。

このような状況では、たとえ直接の上司であっても、それは現在のチーム編成上そうなっているだけであり、自分は会社のために働いているのですから、気に入らない指示に対し、多少のボイコットや反発なら通ってしまう場合すらあるのです（外資系企業の場合にはすぐに解雇です）。

3 おわりに

特に英米系の企業では、上司の命令は絶対です。常に上司を安心させ、満足させることに心を砕いて仕事をしている様子は、映画やドラマでも垣間見れるところです。

逆に言うと、自分に対して忠誠を示さない者は当然解雇に値する、という意識が、特に英米系の上司にありますので、そのような意識を十分理解してコミュニケーションを取りましょう。

第1章　組織力アップ

1－4　Report（ing）Line ②

用語解説

外資系企業では，特に子会社の上級者になると子会社内でのReport Lineとグループ内でのReport Lineの複数が設定される場合が多い。子会社とグループの利害が一致しない場合もあり，自分の立ち位置を明確に把握しておくことが重要。

事例

Pは，中堅外資系医療機器会社日本子会社の法務担当役員である。Pは，一次的には同日本子会社の社長UにReportし（Solid Report），二次的にはアジア太平洋地域の法務を統括するWにReportする立場にある（Dotted Report）。

Uは，営業出身の敏腕社長であるが，本社の指示に反する問題行動を強引に行うときがある。Pは，どのように行動すれば良いのか。

▶対応例

UはPに対して，「せっかくチャンスなのに，本社の同意や承認のようなまわりくどい手続を踏んでいたら間に合わない。タイミングが重要だ。会社にとって良いことだし，社長の自分が責任を取るのだから問題ないではないか。私の直属の部下として協力するように」と命令しました。

たしかにこの取引が会社に大きな利益をもたらすだろうことはPにも分かるのですが，契約条件は相手方にかなり有利なものもあるようですし，さらにUは相手にとって不利とならないような，契約条件とは異なる（契約条件を修正するような）内容の約束を，契約外の覚書で行おうとしているようです。リスクが適切にコントロールされていないと評価される可能性があるのです。

たしかにPはUに対して一次的にReportする立場ですから，通常であればUの指揮命令に従う必要があります。しかしPは同時に，法律業務における上司であるWにも二次的ながらReportの義務があります。もしWに現在Uが行おう

としていることを報告すれば，Wは「Uの行動は全社的行動基準やポリシー等に反する疑いが強いので，やめるよう説得すべき」と指示するであろうことが予想できます。

このように，PはUとWのどちらの指揮命令に従うか，判断がつかない状況に陥ってしまったのです。

そこでPは，会社のグローバル行動指針を確認しました。

同指針には，たとえ利益が期待できる場合でも，法令はもちろん会社のポリシーや諸規程に反してまでそれを追求してはならないと明記されていました。そして，社員は，上司，同僚または部下がそのような不適法または不適切な行為をしようとしたり他者に命じる場合には，それをとめるか，然るべき管理部門に報告すべきことも，明記されていたのです。

結局，Pはこの行動指針に照らして，無条件にUの指示や命令に従うのは適切ではないと判断し，もう一人のReport先であるWにも事実関係を報告し，その指示を仰ぐことにしました。

▶ 分 析

別のところで，Report Lineのポイントを検討しました[1]。ここでは，グローバル企業のReport Lineの特徴であるDual Linesと，Report先のコンフリクトの問題を検討しましょう。

1 Dual Lines

事例にあるように，外資系企業では，子会社内でのReport Lineと，グローバル内でのReport Lineの複数が設定されている（Dual Lines）場合があります。

前者は，子会社を組織としてまとめ上げるために当然必要なもので，最終的には子会社のCEOに集約されるべきものです。法務も，子会社の経営を担う部門であり，広くはCEOのために働いているのです。

他方，後者は，財務なら財務，ITならITというように同じ機能同士のReport Lineであり，国を超えて同じ機能での連携を目指すものです。さらに，

---

1 【1−3　Report（ing）Line ①】10頁参照。

重要なポジションの場合には，子会社の人事であるにもかかわらず，たとえば子会社の財務担当役員（CFO）の選解任権が，本社側のCFOに与えられている場合もあります。

さて，この2つのLineの関係はどうなるでしょうか。

ここでは，子会社内でのReport Lineを重視する場合と，グローバル内でのReport Lineを重視する場合があります。

すなわち，子会社内でのReport Lineを重視する場合には，子会社内のReport Lineを第一次的なもの（Solid Line／実線），グローバル内のReport Lineを第二次的なもの（Dotted Line／点線）と位置付けます。他方，グローバル内でのReport Lineを重視する場合には，これが逆になるのです[2]。

2　法務の役割とDual Linesの意味

ここで，法務の役割とこのDual Linesの関係も整理しておきましょう。様々な整理があり得ますが，私自身，このような整理に基づいて行動してきましたし，判断に迷った時に役立ちました。

まず，グローバルの観点から考えます。

各国に点在する法務部やジェネラルカウンセルについて，「グローバルな（企業内）法律事務所」として一体のものと考えます。日本のジェネラルカウンセルは，そのグローバルな企業内法律事務所の日本支店の支店長です。

次に，日本子会社内での位置付けですが，日本のジェネラルカウンセルのReport LineであるCEOなどは，グローバルな企業内法律事務所の日本支店における唯一の顧客，会社の日本子会社の代表者などであり，CEOなどに対する報告は，法律事務所の顧客に対する報告なのです。

このように，グローバルなReport Lineを「上司」に対するもの，同じ子会社内でのReport Lineを「顧客」に対するもの，と整理することにより，レポートのあり方や調整の方法などについて，方向性が与えられるのです。

3　利害対立する場合の対応

さて，実際に両者の主張が異なる場合，どのように対応するのでしょうか。

まず，基本的にはSolid Lineが優先します。このような場合のために，Solid

LineとDotted Lineという使い分けがされているからです。

けれども，グループのポリシーが問題になる場合は，グループのポリシーの方が優先されます。なぜならこれは憲法のようなものであり，Solid LineとDotted Lineも，これを実現する手段でしかないからです。

さらにもっとも重要なことは，現地側の良きアドバイザーとして適切なプロセスを踏むように上手にリードし，同時に上司たるべきグループ本社のジェネラルカウンセルなどとも上手に連携して，このような対立が表面化せず，適切な意思決定がなされるように働きかけることです[3]。

その意味でも，グローバルな法律事務所，という整理は有用です。

4　おわりに

少し本題から外れますが，このような「同じ機能」相互間でのReport Lineはなぜ設けられるのでしょうか。現地のCEOの責任で任せておけばよく，かえって要らぬ口出しの原因となって現地が混乱させ，責任の所在をあいまいにさせるのではないでしょうか。

これは，専門家同士のつながりによって，現地のCEOの暴走を抑制したり，グループ全体の業務の見通しを立てやすくしたり，同じ機能同士でノウハウを共有できたりする効果があります。グローバルな日本企業で，現地法人の様子がわからない，現地法人の暴走をどのように抑えるのかわからない，という悩みを聞くことがありますが，このような「同じ機能」相互間でのReport Lineはその一つの解答になります。専門家同士だからこそ，イメージや問題意識をリアルに共有できますので，それを活用しようという発想です。

一般に日本企業は，Dual Linesが苦手と言われます。どちらのボスも遠慮してしまい，結局いずれのコントロールも効かない事態に陥るようです。これを克服するためには，両方のボスが適切に意思疎通することが必要となります。

運用上慣れが必要ですが，グローバルな日本企業のガバナンスのツールとしても，Dual Linesをぜひ検討してみてください。

---

[2]　さらに，両者に優劣をつけず，いずれもSolid Lineとし，あるいはMatrixなどと称する体制にする場合もあります。

[3]　【4－2　根回し】96頁参照。

第1章　組織力アップ

1－5　法務の役割

> **用語解説**
>
> 社内弁護士の存在意義にかかわる問題であるが，抽象的に論じても解決につながらない。会社から期待されていること，社会から期待されていること，実際に行っている業務やその遂行方法などから，具体的に考えることが重要。

> **事例**　外資系企業の社内弁護士Aが，大学の先輩で日本企業の社内弁護士Bに頼まれて，自らの上司Mとの会談の機会を設けた。Bに法務部長の打診があったものの，法務部門を率いていく自信がない，最大の悩みは，会社の法務部門の役割が未だに腑に落ちていない，このままでは会社に貢献できないし，部下をまとめることもできない，という相談だった。

▶対応例

Mは，「Bさんは，法務部門への期待と，実際に何ができるのかという法務部門の機能を，別々に考えていますか？　社内弁護士が会社から何を期待されていて何ができるのか，ということをもう一度考え直しませんか？　そこから逆算すると，法務部門の役割が見えてくるかもしれませんよ」と話しました。

▶分析

法務部門への期待と機能を明確にすることは可能でしょうか。

若手の社内弁護士から，会社で弁護士らしい仕事をしていない，自分は専門家として今後どうなるのか，という悩みを聞く機会も増えました。そこで，社内弁護士のキャリアを考える[1]前提として，法務部門の役割を考えましょう。

1　法務部門の多様性

法務部門は会社が自由に設計できる機関であり，その態様は実に多様です。

① 業務の多様性

　法務部門の業務には，真っ先にイメージできるものとして，契約書審査や法律相談，法的調査，意見書作成などの業務があります。これらは，他部門が行うべき業務をサポートする面が強い業務で，法律事務所と似ています。

　けれども，法律事務所と異なり，自ら責任を負う業務もたくさんあります。会社によって異なりますが，たとえば，契約書作成，契約交渉，営業支援，営業活動，ビジネス構築，プロセス構築，社内規則整備，トラブル対応，訴訟対応，訴訟管理，反社対応，官庁対応，ロビーイング活動，社内不正調査，内部監査，サポート，社内研修，人材育成，株主総会運営，役員会運営，知財管理，諸登録管理，弁護士管理など様々で，場合によっては数値的な目標が設定されることもあり，その意味で法務部門は，会社業務の一部を担うべき「会社の一部門」なのです。

② レポートライン[2]

　法務部門の位置付けについても，外資系企業のようにジェネラルカウンセル所管の場合もありますが，同じ役員でも社長や副社長直轄の場合，法務専担の役員所管の場合，法務以外の役員（財務担当役員や総務担当役員）所管の場合もあります。形態としても，独立した部門ではなく，経理部門や総務部門の一部の場合があります。

③ 外部事務所との関係

　丸投げの場合と，逆にコスト削減のための内製中心の場合が両極端で，実際は会社ごとにそのどこか中間にあります。また，案件ごとに柔軟に（行き当たりばったりで）対応する場合もあります。

④ 他部門との関係

　寄り添いサポート型，社内法律事務所型，牽制中心型，があると思います。

⑤ 法務部門のコスト

　本社で負担する場合，事業部門に対して管理コストとして振り分ける場合，案件ごとにフィーを取るようにして各部門に振り分ける場合，などがあります。

---

1 【2-8　法務のキャリア】64頁参照。
2 【1-3　Report (ing) Line①】10頁，【1-4　Report (ing) Line②】14頁参照。

2　求められる能力

　この多様性の中に共通する法務部門の役割を見出すことは至難の業ですが，その手始めとして，法務部門に期待される能力を挙げてみましょう。

　まず，法律担当である以上，法律自体の知識，事情から事実を整理分析する能力，事実を規範にあてはめる能力，要件事実・主張・証明についての知見，契約条項や紛争についての交渉力，規範作り・事実や事象の文書化・記述化の能力[3]，体系的整理能力（法律もシステムだから），などでしょう。

　さらに法務部門も組織であり，自社や他社での各種経験（特に失敗）の記憶，効率的に外部リソースを使う能力，コストと価値の最適バランスでの法務部門オペレーション，会社への貢献，も必要になります。

　また法務部門の存在感を高めるため，プロジェクトのマネージメント能力，リスク感応度，コミュニケーション能力（外国語能力も含む）が必要です。

　他方，法務部門が往々にして弱い部分として，数値の分析能力・会計知識，事業そのものに対する理解，リスクの取り方（メリットや機会とのバランスのとり方），規範以外の方法（プロセス，インフラ，システムなど）によるリスクコントロール[4]，などを指摘できるでしょう。

3　法務の役割

　法務部門は会社の一部門であり，会社は営利を目的にする営利企業ですので，法務部門も利益獲得に貢献すべき「経済的」役割を担っています。

　他方，法務部門は社会的な規範である法に関する社内における専門部署ですので，社会的な価値と無関係ではありません。むしろ，会社を社会的な価値や規範に反しないようリスクをコントロールする「社会的」役割を担っていると考えるべきです。

　このように整理すると，「経済性」と「社会性」，利益とコンプライアンスのどちらを重視するのか，などという二者択一的な発想になりがちですが，そうではありません。

　企業は，商品やサービスを通じてお客様に価値を提供し，ひいては社会に貢献しているのです。その対価として売上があり効率的に価値を生み出すことにより利益が出るのです。最近，それぞれの企業は社会にどのようなサービスを

提供し，貢献しようとしているのか，という企業理念やミッションを明確に定めている場合が多くなってきました。企業のサービスが社会に認められた，すなわち社会に対して貢献し「社会性」が認められるからこそ，利益を受け取ることができ「経済性」が獲得できるのです。

ここに法務部門の役割のヒントがあります。

社会から認められつつ，利益を上げる，という二兎を追うのが今日の企業活動ですが，その「二兎を追う」手助けをするのです。たとえば，目先の利益のために社会の信頼を失ってはいけませんが，一般受けだけ狙って会社業績を悪化させてもいけません。

つまり，法務部門も企業理念の実現に向けた活動による収益に貢献し（経済性），それが社会に対する貢献になる（社会性），あるいは逆に企業倫理を堅持させる（社会性）ことで，収益を上げさせる（経済性）ことができるのです。

このように見れば，リスクとリターンを見極めて折り合いをつけること，あるいは適切にリスクをコントロールして，ビジネスチャンスに対して適切にチャレンジさせること，が「二兎を追う」活動そのものである，ということを理解できるはずです。

4 おわりに

評論家のように振舞うのではなく，企業が社会に受け入れられて利益を上げられるように，そのチームのメンバーとしてリスクコントロールの重要な部分を担う[5]ところに，法務の役割があるのです。

具体的には，①組織ガバナンスの整備や運用[6]，②法的紛争の予防や解決，③事業ストラクチャーやサービス商品の構造化・文書化・権利化などが，このようなリスクとリターンの折り合いをつける具体的な業務としてイメージしやすいと思います。

---

3 【2-3 記述化，プロセス化，数値化】44頁参照。
4 前記注3参照。
5 【2-2 リスクへの関わり】40頁，【2-4 リスクセンサー】(『法務の技法』73頁)，【2-5 リスクコントロール】(『法務の技法』76頁)，【2-6 デュープロセス】(『法務の技法』79頁) など参照。
6 【1-1 コーポレートガバナンス，内部統制，コンプライアンス】2頁,前記注3参照。

1−6　海外法務部のデザイン

用語解説

海外子会社を設ける際，本社の組織を基準にしてしまうのか，海外事業がよほど心配なのか，当初から法務部門を設けなければならないと考えてしまう場合があるが，現地の事業規模に応じた体制をまず考えるべきである。

事例

外資系企業の社内弁護士Aが，友人である日本企業の社内弁護士Bに頼まれて，Aの上司の法務部長Mとの会談の機会を設けた。Bの勤務する会社が海外に子会社を設けることとなり，その社内体制，特に法務部の位置付けや陣容について勉強したい，ということだった。

Mが，法務部なんて作る必要は無い，と話を切り出したため，当社の法務部の在り方を説明すると思っていたAは驚いてしまった。

▶ 対応例

なるほど，という顔をしたBと，え？という顔をしたAに対し，Mは次のように説明しました。

「法の支配，コンプライアンスなど，法務部門を強化させるべきであるとするいろいろなロジックが流行っているし，世界的にもその方向性は間違いではない。けれども，国によって事情が異なるうえに，その国で本当にビジネスがうまくいくかどうかわからないのに，最初から間接部門だけ豪華に作る会社はないだろう。日本の中小企業だって，法務部門のない会社の方が普通じゃないか。法務部門を自前で持つのは，その国のルールで必要とされていない限り，その会社が大きくなってからで十分だし，それはどこの国でも一緒だろう？」

▶ 分析

国際的に事業を展開する企業に勤務していると，ややもすると国際的な業務

展開のためには法務部門や社内弁護士は不可欠，と考えてしまうところですが，必ずしもそれが普通ではありません。アメリカの投資に関する書籍の中でも，社内弁護士を雇うことは，会社が成功していく1つの道標であるという趣旨の記述がみられ，最初から社内弁護士が必要ではないのです。

日本の会社は，海外の子会社や支店をコントロールすることが上手でないというイメージがありますが，それが，最初から法務部門を作らなければ，という意識につながっているのかもしれません。

1　法務機能の必要性

現地での事業を行うためには，契約の締結，行政などの法的手続を含めて法的な判断を伴うことが必ずあります。これらを適切に実行するためには，法務の専門的知識が必要です。内外，大小を問わず法務機能は，すべからく取引を行うためには必要です。法務部門がなければ社外の弁護士に確認をしたり，アドバイスをもらったりすることもできますが，そのためにはスケジュールを確保し，背景などを説明しなければなりません。

しかし，社内に法務機能があれば，このような不便さが緩和され，ビジネスの機動性も上がります。法務部門は会社組織や事業を理解していますので，より適時適切にサポートし，法的リスクに対応することができます。

次に，子会社に社内法務部門を持つ理由には，そのモニタリングとコントロールという側面があります。特に子会社法務部門に直接本社への報告を求める場合には，現地CEOに対する牽制にもなります。複数の国の間で，それぞれの管理系専門部門が連携することで，現地の経営者をとおした情報共有では伝わらないニュアンスや問題意識まで共有できるようになるからです[1]。

最後に，リスク意識やベストプラクティスの共有です。これも同様に，専門家同士が直接情報を共有するからこそなのです。

2　子会社や支店をM&Aで獲得した場合

獲得した海外の子会社にすでに法務部門が存在している場合を想定します。

まず初めに，法務業務を「見える化」することが重要です。そのために誰がボスであるかをしっかりと示すことです。現地の法律事務所に対する対応と同

様,フェイストゥフェイスで話し合い,本社法務がレポートラインを持っているなら,評価や人事権や持っていること,それがないとしても強い影響力を持っていることを示し,同時に業務の遂行やキャリアの形成についてのサポーターであることを示すことによって,現地社内法務部門がグループの社内法務部門となり,社内秩序が保たれるのです[2]。

　2つ目は,本社の法務部門が,子会社の重要な法的問題に関し常に,直接,状況を把握しているようにすることです。意図的な隠ぺいはそれほど多くないにしろ,現地にとって都合の悪い情報が積極的に,あるいはタイムリーに報告されなかったり,ニュアンスが変わっていたりすることは起こりやすく,現地経営陣に対する牽制が働かない場合があるからです。たとえば現地法務部門に本社法務部門へのレポートラインを設定し,現地CEOに対しては現地法務部門のサービスの提供の相手方の関係として,それぞれ報告すべき義務を定めるなどのルールを定め,これを守らせるのです[3]。

　もっとも,グローバル化の進んでいない日本企業の場合,二重のレポートラインは苦手なようです。現地のジェネラルカウンセルに設定したところ,なんだかんだともう一方のボスを言い訳にして,本社法務部門と現地CEOのいずれも,現地ジェネラルカウンセルをうまくコントロールできない事態に陥ることもあります。そのようにならないために,本社法務部門は現地CEOと頻繁に連絡を取り,自身の部下に当たる現地ジェネラルカウンセルのサービス内容や現地ビジネスの状況について確認を取ることによって,現地法務部門がグローバルの法務チームの一員であることを理解させ,同時に法務部門全体が現地をサポートしていることを現地経営陣に感じさせることで,現地で誤解や不正が生じる余地を最小化することが大切です。

3　子会社や支店を育てていく場合

　次に,小さい子会社や支店を徐々に大きくしていく場合です。Mが想定しているのもこの場合です。

1　【1−4　Report（ing）Line②】14頁参照。
2　【1−7　海外法務部への挨拶回り】26頁参照。
3　前記注1参照。

冒頭で指摘したとおり，無理して法務部門を作る必要はない，ということがポイントになります。もう少し詳しく検討しておきましょう。

まず1つ目のポイントは，外部的な要因です。

インドでは，一定規模の会社に公的資格を持ったコーポレートセクレタリーの雇用を義務付けています。株主総会や取締役会の事務局，登録関連業務などは，日本では法務部門が担当することが少なくないですが，インドでは専門部署を設けることが法的に求められています。

さらに，商品やビジネス形態との関係で，専門部署の設置が避けられない場合も考えられます。たとえば，特に先端技術がポイントとなる事業で，進出先で研究開発を行う場合，知的財産権の権利化や保護，侵害防止をすべてアウトソースすることは考えにくいでしょう。

2つ目のポイントは，内部的な要因です。

特に重要なのは，費用対効果でしょう。たとえば，まだまだ社外の弁護士を必要な都度雇えば十分対応でき，かつその方が安上がりの場合には，わざわざ法務部門を作ったり，社内弁護士を雇ったりすることは現実的ではありません。やはり法務部門は間接部門であり，コストセンターですから，それを維持できるだけの体制が整ったかどうかを見極めるべきなのです。

4　おわりに

しかし，仮に，法務部門を設けない場合でも，本社法務部門とのリエゾン（窓口）が必要です。子会社の立ち上げ期の場合には，現地CEOがこれに当たることになります。小さい場合，現地CEOは法務部門以外の様々な業務についてリエゾンとなり，本社報告や打ち合わせで大変な思いをしますが，この過程が，現地CEOを育てることにもなります。

その次の段階では，子会社社内の法務業務への需要を，現地社外弁護士や本社法務部門に取り次ぐ担当者を，経理や総務に置くことになります。そして，それが専任担当者になり，徐々に自ら法務業務の処理を行えるようになるのが，ひとつのパターンです。いずれにしろ，法務部門のデザインに際し，あるべき静的な完成形だけを考えるのではなく，動的な進化の過程も考えましょう。

1-7　海外法務部への挨拶回り

用語解説

　本社の各部門の責任者が現地支店や現地法人を訪問することは，現地を掌握するうえで重要であり，法務部門の場合も同様である。特に，現地法人をM&Aなどで取得した場合の現地訪問は必須である。

事例

　外資系企業の社内弁護士Aが，友人で日本企業に転職した社内弁護士Bに頼まれて，上司の法務部長Mとの会談の機会を設けた。Bの勤務する会社が海外の会社を子会社として買収することとなり，海外子会社の法務部の管理方法について勉強したい，というのが目的だった。
　Mは，まずは現地の法務部に睨みを利かせるためにも，現地訪問は必須である，と厳しく話を切り出した。

▶ 対応例

　Mの話に対してBは，なるほど，という顔をしていますが，Aは意外そうに質問しました。
　「新しく仲間になったのに，最初から嫌われるようなことをすれば，後々かえって問題になるんじゃないですか？　情報提供してくれなくなったり，こちらの指示を聞かなくなったりするんじゃないですか？」
　これに対してMは次のように説明しました。
　「いや，逆だ。我々が本国の法務にそれなりの頻度で状況報告をしているのは本国の法務が怖いからであって，本社の法務が何も口出ししなければ，私だって面倒な報告などしなくなるよ。日本の会社には，現地に任せているから，という理由で現地の法務部に干渉しない会社もあるようだが，信頼して任せるということと，責任と権限，上下関係を明確にすることは矛盾するものではなく，むしろそれは信頼して任せるための前提となるはずだ」

▶ 分析

海外の子会社や支店をコントロールすることは，日本企業の苦手な分野であり，悩ましい問題です。ここではそのうち，海外の法務部門のコントロールのために現地訪問が有効であることついて，確認しましょう[1]。

1 Report Line

現地訪問をすることによって獲得できる最大のポイントは，Report Lineを明確にし，誰がボスかを明確にできる点です[2]。

これには，現地の法務部門が本社側の意向に反し，グループ全体のためではなく現地のために行動することを防ぐ意味があります。現地の法務部門には，グループ全体の法的リスクに対応するという面と，現地のビジネスをサポートするという二面性があり，そのバランスが難しいのですが[3]，グループ全体への配慮を忘れないようにさせ，すなわち誰に対してフィデューシャリーデューティーを負っているのかを理解させる必要があるのです。

もちろん，同じ法務部門同士，法務部門の立場や権限などを明確なルールで示せば，それだけで十分理解できるはずですが，実際に信頼して頼ってくれるかどうかは，別の問題です。やはり，直接話をする機会があり，人柄や問題意識などを理解している場合と，距離を測りかねて恐る恐る付き合っている場合とでは，連携の密度や信頼感が異なってくるのです。

2 M&Aによって取得した会社の実態

さらに，これがM&Aによって新たに取得した子会社の場合には，特に考慮すべき事情があります。

その1つ目は，現地での結びつきの強さです。

すなわち，現地の法務部門にしてみれば，本社の法務部門は後から突然上司として登場したものですが，たとえば従前のCEOが子会社となった後もCEOを任された場合であれば，彼は昔からの上司であり，ともにM&Aの荒波を乗

---

1 【1－6　海外法務部のデザイン】22頁．【2－4　海外の法律事務所】48頁参照。
2 【1－3　Report（ing）Line①】10頁参照。
3 【1－4　Report（ing）Line②】14頁参照。

り越えてきた仲間です。場合によっては，CEOも法務部門もともに，日本の会社の子会社になってしまったことについて割り切れない思いをしているかもしれません。

このような状況で，現地の法務部門に懸念されることは，現地のCEOの暴走に対する牽制機能を果たさないだけでなく，場合によってはそのような暴走に協力する事態も懸念されるのです。表立って本社の指示に従わないような事態はイメージしにくいかもしれませんが，CEOが独立して会社と競合する新しい会社を立ち上げたりするなど，本社のコントロールを逸脱する事態は，珍しくありません。

2つ目は，会社の実態が分かっていない点です。

これに対しては，会社買収の過程でデューデリジェンス，特に財務デューデリジェンスに合わせて法務デューデリジェンスも一緒に行われ，その子会社が関わっている訴訟案件や訴訟可能性のあるトラブルの実態が把握できているはずではないか，という疑問が生じるかもしれません。

しかし，現実にはデューデリジェンスだけでは明らかにされない訴訟案件や訴訟可能性のあるトラブルが，買収後に明らかになる場合もあります。このように，デューデリジェンスだけで法的なトラブルの実態がなかなか明らかにされないのは，特に現在日本企業が進出しようとしている国の多くで，法務部門が未だ十分に成熟していないことが原因であるように思われます。たとえば日本の会社でも，人事に関する紛争は法務部門ではなく人事部門が直接担当しており，法務部門はそのようなトラブルの存在すら知らされていない場合が見受けられます[4]。このことは，税務や経理に関するトラブルについても同様です。さらに，まだ訴訟になっていない段階，すなわち訴訟に発展する可能性のあるトラブルに至っては，法務部門と情報共有していない場合が多くあります。

3　M&Aによって取得した子会社への現地訪問

このような特殊性から，M&Aによって取得した子会社の場合ほど，現地訪問の必要性が高いことがお分かりいただけると思います。

すなわち，1つ目の理由から，現地の法務部門が従うべき本当のボスは，現地CEOではなく本社法務部門であることの意識付けが重要であることが理解

できます。もちろん，Report Lineの設計次第では，現地法務部門の選解任権や人事考課権が，現地CEOに集約されることになりますが，だからと言って現地CEOと運命をともにすることが本当に自分のためになりません。現地法務部門本来の役割の1つである牽制機能の重要性を理解させ，本社法務部門のモニター[5]にするためにも，厳しく睨みを利かせることが重要になってくるのです。

　2つ目の理由からは，逆に現地での法務部門のステータスや役割を高めてくることが重要になってきます。具体的には，まずは現地法人の経理部門に対し，法律事務所に支出した費用のすべての内訳を提出させます。そうすることによって，法務部以外の部門が法律事務所を利用している案件を把握できますので，今度はその中で法務部門から報告が上がっていない案件や，デューデリジェンスで把握できていない案件について，直接当該部門にヒアリングを行います。法務部門も同席させると良いかもしれません。

　たとえばこのようにして，現地法務部門の後ろ盾となって現地財務部門と向きあい，今後は法務部門の承認なしに法律事務所を利用することは許されないことを明確にし，現地法務部門の役割を明確にするのです。このような現地会社全体に対する牽制も，現地訪問するからこそ可能となるのです。

　最後に，もうひとつ重要なことは，グレーゾーンの判断について，現地経営者や法務部門と本社法務部門との間でそのプロセスと基準をすり合わせることです。ここでズレが生じるとリスクマネージメントに大きな影響がでます。

4　おわりに

　法律業務における信頼関係は，全人格的なものですので，面倒がらずに直接コミュニケーションする機会を意識して設けるようにしましょう。

4　【2-29　人事部】（『法務の技法』148頁）参照。
5　【4-3　外国人の説得】100頁参照。

第1章　組織力アップ

1−8　Investigation

> **用語解説**
>
> 　社内調査という意味で使う場合には，極めて厳格な社内調査を意味する。中立性や信頼性を担保するために「そこまでやるのか」というノウハウが詰まっている。軽い社内調査の時にこの言葉を使うと，誤解を与えるので注意が必要。

> **事例**
>
> 　日本子会社の営業部門で，パワハラがあったという内部通報がなされた。人事部長直結のハラスメントホットラインを通して，被害者F本人が直接通報し，人事部が調査を開始した。
> 　ところが，普通であればある程度調査が進んでから社内弁護士に声がかかるのに，通報のあった翌日に，本社のジェネラルカウンセルGから法務部長Nに対し，どうなっているのか，という質問の電話があった。

> **▶対応例**

　Nにとって，この事案はまだ連絡が来ておらず，初耳でした。

　そのことを聞いたGは，「やはりね。法務が動き出す案件ではない，ということだね」と呟きました。普段なら，報告が少し遅れただけで怒り出すGなのに，このときはむしろ安心した様子なので，NはGに事情を聞いてみました。

　するとどうやら，日本の人事部門が本社の人事部門に対してパワハラに関する内部通報のあったことを報告した際，「すでに調査は開始されている」と伝えるつもりで，「Investigation」という言葉を使ったことが発端のようです。メールを読んだ本社の人事部門は，「Investigation」が行われるほど重大な案件であると誤解し，慌てて日本の人事部門に電話したところ，時差の関係で連絡がつかず，そこで本社のジェネラルカウンセルに，法務のライン[1]から報告が上がっていないか，質問したのです。もちろんGは何も聞いていません。

　以前も，営業部門が「Investigation」という言葉を使ったことによって大騒

ぎになったことから，Gは落ち着いていました。そつのないNが報告してこないのだから，営業部門の報告が大騒ぎの原因となった空騒ぎ事件と同じことが起こったに違いない，また日本人が「Investigation」などと報告してしまったんだろう，という推測です。実際見せてもらった，日本の人事部門からの報告メールにも「Investigation」に着手すると記載されていました。

これを聞いて，Nも安心しました。

GはNに対し，「人事部門には，『たぶん単語の選択を間違えて大げさな表現になっているだけだ。たまに起こることだから心配しなくていいと思うが，念のため自分からも確認しておく』と説明した。本社側で変に動揺しないように手は打っておいた[2]」と笑いながら，話を締めくくったのでした。

▶ 分 析

Investigationには，単なる「調査」以上のニュアンスが含まれているようですが，その背景なども含めて勉強しておきましょう。

1　第三者調査委員会

企業が不祥事を犯してしまうことは，企業が神ならぬ人間によって営まれている以上，避けることができません。そして，それが重大な場合には，会社自身が刑事罰を受けたり，行政上の処分を受けたりするだけでなく，事業を行ううえで必要な許認可が剥奪されたり，マスコミなどの非難にさらされて社会的信用を喪失したりして，事業継続自体が不可能になる可能性すらあります。

そこで，企業を守るためにも，あるいは企業自身の自浄作用を働かせるためにも，不祥事の調査を行う必要があります。どんな不祥事がなぜ発生したのかを自ら知らなければ，必要以上に非難されても企業自身を守ることができませんし，原因がわからなければ再発防止策も立てられないからです[3]。

そのような中で最近目にするのが，第三者調査委員会です。

名称は様々ですが，会社外の第三者に主要メンバーになってもらい，不祥事

1　【1－4　Report (ing) Line②】14頁参照。
2　【4－2　根回し】96頁参照。
3　【3－4　原因分析と再発防止策】(『法務の技法』171頁) 参照。

の調査や原因分析，再発防止策の提案等を行ってもらうことになります。

　しかし第三者調査委員会といっても，結局は会社経営者の弁護を（明示か黙示かはともかく）目的にし，根本的な原因が究明されなかったり，実効性ある再発防止策が示されなかったりして，第三者調査委員会そのもののあり方が問われる場合もあります。

　このように，第三者調査委員会のあり方自体も検討すべき大切な問題でしょうが，実は，第三者調査委員会が必要とされる背景も重要な問題です。

2　社内調査

　というのも，第三者調査委員会が設置されているのは，社内調査に対する不信感があるように思われるからです。

　本来であれば，社内調査こそ実効性があり，むしろ信頼感があるはずです。たとえば故意による不祥事の場合，隠れてこっそりと行われます。原因を分析したり再発防止策を策定したりするにしても，なぜ隠れてこっそりと行うことができたのかを特定できなければなりませんが，会社の現場での業務の「穴」を見つけ出すためには，それだけ現場業務を知らなければ不可能だからです。また，過失による不祥事の場合であっても同様です。ミスを誘発したのは，会社のシステムやルール，手続，意識など，どこにどのような「穴」があったのかを見つけ出さなければならないからです。

　そして，現場業務を熟知しているのは同じ会社の従業員であり，外部から乗り込んでくる第三者ではありません。第三者調査委員会も結局のところは会社従業員の協力がなければ調査や分析に限界が生じてしまうのであって，第三者調査委員会の信頼性は，実は社内調査の質に支えられているのです。

　ところが，日本での不祥事対応の実務を見ていると，肝心の社内調査の質を高めて信頼を獲得する方向ではなく，第三者調査委員会を設置して信頼できそうな外観を取り繕う方向が，特に重大な事案の場合，多いように思われます。

3　米国での社内調査

　そこで参考になるのが，米国での不祥事対応です。

　米国では，日本で好まれるような第三者調査委員会はあまり設置されません。

言葉としては，External Investigationという概念がありますが，これには，取締役会に設置される監査委員会が独自に弁護士や会計士等をRetainして行う調査等も含まれています。日本で第三者調査委員会が好まれるのは，会社経営者からコントロールを受けていないように見える独立性ですが，それが欠けている場合であっても，英語ではExternal Investigationと言われる場合があるのです。

さらに，SEC（証券取引委員会），DOJ（司法省），FTC（公正取引委員会）その他の政府機関が積極的に調査に乗り出す環境にあることも，第三者調査委員会があまり設置されない理由と思われます。

他方，米国では，いわゆる内部監査部門に社内調査（Internal Investigation）の専門スタッフ，特に調査専門のスタッフ（Investigator）が置かれ，調査のプロセス，ルールおよび手法などが確立されている会社が多く見受けられます。

そこでは，調査も徹底しています。

たとえば調査が始まると，対象部門・対象者の業務は即座に「Freeze！」（停止）させられます。緊急で重要な業務でも例外は認められません。使用しているPCや手帳その他の関連書類の提出を求められ，その場で精査されます。Investigatorによる対象者（さらにはその上司，同僚，部下など）へのインタビューも実施されますし，事案の内容に応じて社外への調査も行われます。

さらに，政府機関や裁判上の秘密保持特権（Attorney-Client Privilege）を確保する必要がある調査には，社内（あるいは社外）の弁護士が調査の指揮監督を行い，すべてのコミュニケーションを当該弁護士に集中させる，Attorney Directed Investigation案件と指定し，入念な調査を行うこともあるのです。

4　おわりに

このように，Investigationは極めて厳格な調査であり，それによる社内業務の停滞や社外取引先等への影響も小さくありません。英単語としてみれば，警察による捜査もInvestigationです。

したがって，通常のレベルの調査であれば，Review, Check, Clarify, Confirmといった表現を使い，誤解を与えないことが賢明と思われます。

第2章

経営力アップ

2-1 契　約

> **用語解説**
>
> 　法務担当者は，営業担当者などが契約書のことを経費申請の付属書類でしかないと思っていることに不満を持っているが，経営者は，法務担当者が契約書のことを権利義務の集合でしかないと思っていることに不満を持っている。

事 例　法務担当者Aは，法務部長Mに対し，契約書を審査するのが馬鹿馬鹿しい，担当者は条文を読まないどころか，自分のアドバイスや指摘もそのまま先方に転送してしまい，社内限りにすべき内輪のアドバイスまで開示してしまう，と不満を吐き出した。

▶ 対応例

　Mは，「何が根本的な問題なんだと思う？」と聞きました。

　「彼らは，契約書のことをでき上がった取引を社内の稟議で通すための手続書類としか思っていないんですよ。どうせ中身は同じようなものだし，実際にトラブルもめったに発生しないし，結局電化製品の説明書みたいなもので，何か困ったときに読めば良い，としか思っていないんです。つまり彼らは，契約条項一つひとつが取引上の権利義務を作り上げていることをあまり理解していなくて，法的に重要な意味があるとは思っていないんですよ。」

　これに対してMは，ニヤニヤしながら，「法的な意味さえ理解すれば十分なのかな？」と質問しました。

　Aは，Mの質問の意味が理解できず，困惑しています。

▶ 分　析

　契約は，いろいろな見方が可能です。見方の違いを分析することによって，契約の機能について考えてみましょう。

1 社会的に見る

まず，契約を社会的な事象として捉えてみましょう。

契約書は取引の前に作成されます（取引後に慌てて作成される場合もあります）が，そのことで特に社会的な変化は発生しません。

社外的には，約束したとおりのサービスや物の引渡しと対価の支払いが行われ，そこで初めて社会的な意味のある変化が起こります。たとえば，生産地から消費地に物資を移動する社会的ニーズがあります。他方，移動手段を有する者が，その余剰能力を金銭に変えたいと思います。その双方のニーズが実現するのは，契約が成立したからなのです。

このように，社会的な事象としてみた場合，契約書はその中身ではなく，目的物が引き渡され，代金が支払われること自体に意味があります。このことから，Aが愚痴るような事態，すなわち一部の営業担当者に見られる，契約書なんて大して変わりないんだから早くチェックして手続を進めろ，という意識につながるのです。

2 法律的に見る

しかし，これで良いわけがありません。

契約書はどんな社会的行為を約束したかということを権利義務の形で記述化し，後の実行を担保するものでなければなりません。そして契約により約束された権利義務が実行されるか，実行されたとしても意図したとおりの社会的・経済的効果を生むかなどが不確実であり，これらが契約上のリスクになります。

ここはまさに法務部門の活躍の場です。当然，リスクは小さい方が良いはずですから，会社にとって不利な条項を先方との折衝でいかに減らしていくのか，に夢中になります。損害賠償条項での賠償額の上限に関する規定を外すのかどうか，外せないのであればそれに代わるどのような条項が考えられるのか，民法の原則，諸外国の立法例，業界の慣行など，議論は細部に及び，とても細かい論点が戦場になり，勝敗を決する状況になってきます。そうです，交渉は勝負であり，権利義務の星取表です。当社の義務やリスクを少しでも減らし，当社の権利とオポチュニティーを少しでも増やすことができれば，それが勝ちなのです。

3　経済的に見る

　さて，法務部門や法律事務所が一所懸命交渉してくれましたが，果たして会社の経営者はそれで100%満足しているでしょうか。

　いいえ，必ずしもそうではありません。

　そのような問題のうちの1つ目は，税務上，財務上の問題です。

　同じ取引でも，契約書の記載によって，源泉徴収，売上の認識時期，償却の可否や計上方法などが変わりかねないのです。もちろん，脱税や違法な帳簿操作をするわけにはいきませんから，より慎重に，取引の実態に合致することの検証や確認が必要となります。だからこそ法務部門だけでは対応できない問題であり，多くの部門の連携が必要なのです。

　2つ目として，より重要な問題は経済的な合理性です。

　法律的に見れば，契約は両当事者の合意ですが，経済的には，なぜ合意が成立するのか，すなわち何のために合意するのか，という点が重要なのです。

　では，なぜ合意が成立するのかというと，それは，両当事者がそれぞれ有する価値を交換したいと思うから合意するのです。法律的には「対価関係」と言いますが，経済的に見た場合，各当事者が，提供する価値より主観的に大きな価値を受け取ると判断したからこそ交換が成立するのです。一方にとっては現在価値が重要であり，他方にとっては将来価値が重要な場合，一方にとってはコントロール不能なリスクであり，他方にとってはそのリスクを多く集約することで定量的に評価できるような場合など，当事者間の価値観や能力のズレがあるからこそ交換が成立するのです。

　また，たとえば，損害賠償金額の上限が設定されることについては，損害拡大前に中止可能であったり，保険を掛けたりして十分リスク回避されていれば，その点について経済的観点から経営上こだわる必要はありません。他方，特定の原料を供給できる業者が限られているため，安定的に確保することがとても重要な取引があったとしましょう。安定供給してくれるのであれば，自社の工場稼働率の潜在的低下の可能性が下がるのですから，当該契約の経済的価値は上がります。むしろ損害賠償の条件にこだわりすぎると，この貴重な材料を，先方は我々の競合他社に供給してしまうかもしれません。

　たしかに，権利義務の星取表という観点から見れば，損害賠償金額の上限を

外すことも，安定供給を約束してもらうことも，ともに交渉開始時点では未確定でした。どちらの条件も，獲得できればラッキーというものであり，結果的に2つのうち1つを獲得できたのです。法律的に見れば上々の出来でしょう。

けれども，経営が確保したかったのは，貴重な材料の安定確保でした。損害賠償のルールで白星を獲得できても，安定供給の約束が獲得できないのであれば，契約自体不要だったかもしれないのです[1]。

4 おわりに

このように，経済的に重要なことが十分考慮されない事態は，ビジネス側と法務の意思疎通がうまくいっていないときに顕在化します。たとえば契約交渉はビジネス側だけが行い，契約条項の検討はその後に，十分な情報を与えずに法務に行わせるような場合です。契約を社会的にしか見ていないことのツケがビジネス側に回ってきた，とも言えるでしょう。

ですから，このような危険性を避けるためには，たとえば，法務も交渉の早い段階から関与したり，契約書の作成を法務ではなくビジネス側が行うようにするなど，契約を常に法律的にも経済的にも見ながら検討していくことが必要となるのです。

契約を結ぶ際の流れを考えてみましょう。まずは，経営上の社会的・経済的な本質的目的をビジネスサイドとともに整理します。次に，法的権利義務に落とし込みます。ここでさらに，各条項を経済的に評価して，そのうえでとるべきものと譲れるものを順序づけて，契約全体として，経営目標を達成できるように再度構成を練ります。このように，法的な視点と社会的・経済的な視点を意識的に使いわけてみて下さい。

---

[1] もちろん，せっかく成立した契約です。取引を続けることで信頼を獲得し，契約更新の際には，損害賠償金額の上限を復活させてでも安定供給を約束してもらおう，という作戦も成立しますので，経営側の当初の目論見に合致しないからといって，短気を起こして安易に契約解消しないようにしましょう。

第2章　経営力アップ

2-2　リスクへの関わり

用語解説

海外の子会社や支店がどのようなリスクに直面しているのかを，本社側がすべて自ら把握することは困難である。しかし，海外の子会社や支店に自らリスク管理をさせ，報告させることで，グループ全体の価値観やルールを浸透させるツールとして活用することも可能である。リスクも使いようである。

事例

外資系企業の社内弁護士Aが，大学の先輩弁護士であり日本企業の法務部長でもあるBに頼まれて，自らの上司Mとの会談の機会を設けた。外国での事業について，規範となるべきルールや企業指針を作成するように指示されたが，イメージが湧かない，という相談であった。

▶対応例

MはBに対し，「まずは，法務領域全体のリスクを明確にしてみてはどうでしょう？」と提案しました。ここでリスクとは，「事業などの目的の達成を阻害する，発生が不確実な事象」と定義してみましょう。

▶分析

企業全体のリスクについては，いわゆるエンタープライズリスクマネージメントに関して多くの書籍が出版されていますので，参考にしてください。ここでは，事業や取引の開始・継続や紛争の解決方法について判断する場合を想定して，リスクにどのように対応するのかを考えてみましょう。

まず，リスクとリターンの関係は，「ハイリスク・ハイリターン」「ローリスク・ローリターン」だけでなく，「ノーリスク・ノーリターン」という3段階に整理して理解しましょう。リスクを取る主体に着目すると，このようにリスクとリターンの関係を関連付けて観察することができます。

これに加えて，当事者ではなく事業や取引の方に着目すると，事業や取引は，参加者同士がリスクを交換している場であると見ることが可能です。たとえば事業者はリスクを自分で減らすことでリターンを求める傾向が強い，と評価できます。そして，このリスク交換の重要なツールが契約書なのです[1]。

このように，ビジネスとは，リスクとの付き合い方の問題でもあります。リスクとの付き合い方という観点から，問題点を整理してみましょう[2]。

1 リスクの特定と定量化

最初にやることは，リスクとなる事象の特定です。

そのために，まずは想定するリスク範囲を定めます。具体的には，外部リスクをどこまで見るか，オペレーショナルを入れるか入れないか，などの点です。経営者や各部門がリスクに関する考えについて足並みを揃える第一歩となる重要なポイントです。

その際，リスクをまずは客観的に検討して，想定外を最小限にします。想定できないことはリスクですらありません。想像力を豊かにし，起こりうる事態をできるだけ広く想定しておきましょう[3]。

2つ目に，リスクの定量化です。リスクとなる事象の発生可能性と発生した場合の損害の大きさの定量化です。さらにリスクを低減する措置が取られていたら，残存リスクについて測定してください。他方，当該事業や取引に期待されるオポチュニティーやメリットも定量化して明らかにします。ビジネスサイドがこれを明確にしていない場合がありますが，それではなぜリスクを取るのか説明が不可能であり，合理的な経営判断ができないはずです。

2 リスク評価

重要なのは，取れるリスクと取れないリスクを見極めることです。ここで，

---

1 【2-1 契約】36頁参照。
2 その他の問題として，【2-4 リスクセンサー】(『法務の技法』73頁)，【2-5 リスクコントロール】(『法務の技法』76頁)，【2-6 デュープロセス】(『法務の技法』79頁) 参照。
3 【1-1 最悪シナリオ】(『法務の技法』2頁)，【2-7 たとえ話】(『法務の技法』82頁) 参照。

取れないリスクとは，オポチュニティーやメリットと不均衡なリスク，定量化できない不明確なリスク，あるいは無限定なリスクです。

　たとえば，金融機関であれば，その事業免許を剥奪されるような重大な業法違反の可能性がある場合には，それによって事業自体が立ち行かなくなる可能性がありますから，いくら予想収益が多くてもリスクとオポチュニティーが均衡しませんので，かかるリスクを取ることはできません。また，たとえば「場」を提供するサービスを事業にする場合，その「場」の品質を保証することは可能ですが，自分が関与できないこと，すなわちその「場」への「参加者」のサービスの品質まで保証することはすべきではありません。自らコントロールすることができないリスクは定量化が難しいからです。また，無限定のリスクの典型例としては，製品の保証の範囲に逸失利益を含ませることをあげることができます。

　ところで，定量化するまでもなく，「命にかかわるリスク」は取ることはできないとされています。

　けれども，顧客の利益のために顧客自身が命の危険を選択することが許される場合もあり得ます。たとえば，死に至る副作用の可能性のある抗がん剤をがん患者に対して施す場合です。患者に対する充分なインフォームドコンセントがあり，他に代替する治療法がない場合は認められることもあると思います。一見正しそうであり，万国共通のように見える「命にかかわるリスクは取れない」という判断基準ですら，それが絶対的に正しいというわけでもありません。

　このように，一見正しそうに思われることについても，定量化など，客観化して冷静に検討すると，違った考え方ができる場合もあるのです。

3　リスク対応

　まず，取れないリスクへの対応です。

　これが日本国内だけで業務を行っている企業の場合には，話は簡単です（言うは易しであり，実行することは難しいのですが）。経営者から現場まで，なぜこれが許されないことなのかについて，比較的認識を共有しやすいからです。

　ところが，多国籍企業の場合には，日本国内だけではあまり問題にならない「なぜこのリスクを取ることができないのか」が大問題になってしまいます。

海外の子会社や支店に対し，いかなるリスクを取れないリスクと位置付けるのか，そのために何をどのようにするのか，などの価値観やルールを徹底させなければならないからです。そのために，取らないリスクを明確に定めるという方法があります。たとえば，GEでは体内に埋め込む医療機器を作っていません。

　次に，取れるリスクの場合です。

　情報力，分析力，オペレーション精度などで，競合より同じ事象についてもリスクを低減することが競争優位性の1つになります[4]。リスク低減（リスクコントロール）の方法としては，リスクが現実化する可能性を低めることや，現実化した場合の損害の拡大をあらかじめ予防することなど，いろいろな考え方があります。具体的には，たとえば信用リスクの場合は精度の高い信用調査を行う方法，担保保全などによって，リスク低減できるのです。リスク事象を早期に発見したり，代替措置をあらかじめ準備することにより損害の拡大を最小化することもできます。バックアップやサーバの二重化などがその例です。

　このように，リスクは受け入れるか，受け入れないかだけではなく，低減したり，保険やR&Wなど契約条項で転嫁したりすることもできますので，法務は，単にリスクを指摘するだけでなく，ときにその対策を臨機応変に提案できるように心がけましょう。

4　おわりに

　さらに，リスク対応をグローバルな組織運営にも活用できます。

　たとえば，エンタプライズリスクマネージメントの手法をロールアウトし，リスクに対する各国の現状認識と対応策を，定期的に報告させる外資系の会社があります。これは，本社から見れば各国の状況を把握することになるだけでなく，各国のリスク状況を各国に自主的に点検させ，本社の持つ問題意識をより浸透させ，徹底させることにもつながるのです。外資系の会社では多くの報告や作業を指示してきますが，それなりの理由があり，日本の会社が海外に展開する場合に参考にできるノウハウなのです。

---

[4] さらに，保険や投資，不良債権買取など，リスクを取ること自体がビジネスになる場合もあります。

2-3 記述化，プロセス化，数値化

用語解説

　法務部門，IT部門，財務部門など，専門性の高い部門は，それぞれの専門分野以外の業務を引き受けたがらない傾向がある。けれども，それぞれの強みは専門分野以外でも生かされる場合があるから，専門家に専門分野以外の業務を行わせることも躊躇すべきではない。

事例

　S社の日本子会社では，顧客管理システムやプロセスを見直すこととした。本来であれば，営業部門での顧客管理だけでなく，経費管理や収益管理，マーケティング分析，さらに担当営業社員の人事考課にまで活用できるようにしたいところだが，予算の関係もあり，今回は営業各部門でバラバラになっていて統一されていない運用を統一し，それを受け止めるために必要なシステムの修正にとどめることになった。

▶ 対応例

　日本社長のZが今回のプロジェクトチームの体制について質問したところ，営業担当役員Qは，「営業部門の予算での見直しですので，営業部門が外部ベンダーを使いながら設計から開発まで行います」と前置きしたうえで，「もちろん開発にはシステム部門の協力が必要ですが，それも営業部門の要望とりまとめや要件定義のために外部ベンダーを選定してもらう形で協力してもらい，その際の契約は法務部門にチェックしてもらう予定です」と説明した。

　これに対してZは，それでは前回と同じだ，営業各部門の要望をまとめきれず，結局運用がバラバラのままになってしまったではないか，としてSEをプロジェクトリーダーとして，チームメンバーには，法務部員，財務部員を含め，しかも専門外の業務も分担させるように指示した。

2-3 記述化，プロセス化，数値化

▶ 分析

新たな業務を築き上げたり既存の業務を修正したりすることは，内部統制の観点から極めて重要です。ここでは，マネージメントの観点から，誰に業務の設計を行わせるかを検討しましょう。

1 現場担当者

まず，実際にシステムやプロセスを使うことになる現場担当者の関与が不可欠であることは，説明するまでもなく明らかでしょう。特に今回は，営業各部門の運用がバラバラだったことが問題だったわけですから，営業各部門の運用の実情に詳しいメンバーが不可欠です。

この点に関し，Qの案は配慮ができているように思われます。

けれども，豊富な経験や想像力と裏腹に，現場担当者はそれを運用上の機能要件として要求することはできますが，アルゴリズムの形で「プロセス化」したり，ドキュメントとして「記述化」したり，経営に必要なKPIとして「数値化」したりすることは一般的に苦手です。だからと言って，この点を外部ベンダーやコンサルタントに期待しようとしても，限界があります。

2 システムエンジニア

ここからが，前回と異なる点であり，Zの腕の見せ所です。Zの指示したメンバーのうち，まずシステムエンジニア[1]から検討しましょう。

ここでシステムエンジニアをメンバーにするということは，開発以外の業務も行わせるということですが，その理由は彼らの「プロセス化」の能力です。

すなわち，システム開発の業務経験によって培われたスキルには，指示どおりにシステム開発するだけでなく，しっかり定義したアウトプットさえ与えられれば，企画立案から具体化までこなしてしまうスキルも含まれるのです。システムやプロセスはエクセルやパワーポイントによって作成されますが，営業担当者の「絵」を描く能力に比較すれば，「図」を引く能力と言えるでしょう。

---

[1] プロダクトラインやミドルオフィス，バックオフィスも同様です。システムやプロセスを構築する業務の担当者，という意味です。

欠点は，何でもシステム化しようとして，現実に想定される運用よりも高機能で割に合わない高額なシステムを求めがちなところでしょう。

3　法務担当者

次に法務担当者です。ここでも法務以外の業務を行わせることを意味し，その理由は「記述化」の能力です。

たとえば曖昧で入り組んだ問題について，問題の本質を明らかにするだけでなく，利害調整のルールを考え，矛盾なく整理して文章にする能力です。パワーポイントの能力に比較すれば，ワードの能力と言えるでしょう。

「絵」を「文字」にすると，概念の曖昧さを排除して隙間を埋めること，経験や口述伝承を記録に残すこと，解釈論争を防ぐこと，などの効能が期待できます。この「記述化」の能力を法務だけに使うのは，むしろもったいないことです[2]。

留意すべき点は，第1に，意外かもしれませんが，関係者全員が定められたとおりに動くことを前提にルールを作ってしまう点です。反対にシステム担当者は，人間はミスをするという前提でシステム化を訴えます。

第2に，たとえばマニュアル作りを指示すると，「べからず集」を作ってしまいがちな点です。たしかに，やってはいけないことを明確にしていけば，問題を減らす効果が期待できるでしょう。しかし，特に現場での創意工夫や柔軟な対応が求められる場面になれば，何ができるのか，なぜできるのか，を明確にし，骨太な判断基準を示すべきです。そのような「べからず集」ではないマニュアルも，慣れれば上手に作れるものです。

第3に，第1と重なりますが，静的な記述は得意ですが，動的な記述は苦手です。実体法的に権利義務で分析したり，組織法的に体系化することは得意ですが，実体法を実施するプロセスを手続法的に，状況の変化を反映して動的に記述するのは苦手なのです。

2　【2－8　法務のキャリア】64頁参照。

4　財務部員

　次に財務担当者です。忙しい彼らに財務以外の業務も分担させる理由は，事象を「数値化」する能力にあります。

　ここまで検討してきた専門家たちはいずれも素晴らしい能力を持っていますが，いずれも定性的にしか事象を伝えることができません。新しいシステムによってどれだけ効率が上がるのかについて，様々な指標を選び，予測し，定量化する作業がなければ適切な判断は下せません。数字専門家である彼らこそ，適任なのです。

　この彼らの能力は，いわば，エクセルの能力と言えるでしょう。

5　おわりに

　これまで検討した「能力」を整理してみましょう。結集したのは，「絵」「図」「文章」「数字」の専門家であり，彼らは使うソフトも違います（パワーポイント，ワード，エクセル）。けれども，違う能力が集まるからこそ，多角的に検討が行われ，スキがなくなり，適切な経営判断が可能になるのです。

　これを，それぞれの専門家の側から見ると，仕事が量的に増えてしまうだけでなく，専門外の仕事という質的にも負担がかかることを意味します。前者だけでも文句を言う人であれば，後者について受け付けないことは容易にイメージできます。しかし，いつもは仕事に関してとても積極的な場合でも，このような業務外のプロジェクトについては，消極的になる場合があります。

　これには，専門家としてはその専門性を生かす仕事をしていたいし，会社としても専門性を生かさないともったいないはずである，専門業務を外されると能力を否定されたように感じる，という意識があるように思われます。

　けれども，本当の専門性は，同じことばかりこなす能力ではないはずです。むしろ幅広く応用できるからこそ，本当の専門性があると言えるのであって，能力の幅を広げ，機会を広げるためにも，狭い専門分野に閉じこもらず，新しい専門外の分野にもチャレンジすべきなのです。

　会社のためにも，本人のためにも，本来業務以外の業務の中でその能力を活用する機会を設けましょう。

2-4 海外の法律事務所

用語解説

海外の法律事務所には，単に法律問題への対応やアドバイスを求めるだけでなく，より重要な機能を果たしてもらうべき場合もあり，位置付けを明確にして目的に合致する法律事務所を選ぶだけでなく，適切に管理する必要がある。

事例

外資系企業の社内弁護士Aが，同期の友人で日本企業に転職した社内弁護士Bに頼まれて，上司の法務部長Mとの会談の機会を設けた。Bの勤務する会社がアジアの会社を子会社として買収することとなり，海外法律事務所の選択方法や管理方法について勉強したい，というのが目的だった。

Mは，たとえ有名な国際法律事務所の現地事務所であっても，現地訪問は必須である，と厳しく話を切り出し，Aは驚いてしまった。

▶ 対応例

Mの話に対してBは，なるほど，という顔をしていますが，Aは意外そうに質問しました。

「しっかりした国際法律事務所の場合には，事務所自体が現地事務所を管理してくれるので，こちらから訪問するとかえって良くないんじゃないですか？」

これに対してMは次のように説明しました。

「A君は知らないかもしれないけど，うちのジェネラルカウンセルも，来日すると主な法律事務所を必ず訪問しているんだよ。ときにはそこのパートナーと食事したり。これは，会社のガバナンス上も重要だし，特にアジア諸国の場合には法律事務所の管理のうえでも重要なんだよ」

2−4 海外の法律事務所

▶ 分　析

　海外の法律事務所は，特に海外に法務部などを設けない場合にはとても重要です。海外の法律事務所の選択方法や管理方法について，検討しましょう。

1　海外の法律事務所の役割

　海外で事業を始める場合，法律事務所は特に重要です。

　それは，①法的リスクを適切にコントロールするための役割だけでなく，②事業開始に必要な，たとえば事業譲受や会社合併などの大掛かりな問題に対応してもらい，③さらに，法務部を自前で保有できるようになるまでの間[1]，現地事業の管理部門の役割も一部担ってもらうことになるからです。

　①②については言うまでもないので，③について，説明を補足します。

　これは，現地事業のガバナンス（内部統制）[2]の役割の一部を担ってもらう，ということです。ここで，会社法など会社経営に関わる業務，いわゆるコーポレートセクレタリーのような業務を依頼すると，必然的にそのような状況になります。加えて，たとえば，現地からの相談事項やかかった経費については，すべて本社法務部に報告するルールを定めます。違反した場合には，法律事務所への報酬の減額や業務委託契約の解除もあり得ることにします。

　このようなことでも現地事業及び経営者への牽制になり，コーポレートガバナンスや内部統制が効果的になるのです。

2　事務所選び

　事務所選びの1つ目のポイントは，事務所を選ぶ目的です。つまり，目的に応じて現地の法律事務所を使い分けるのです。

　たとえば，現地の規制が強い事業の場合には，現地固有の法制度だけでなく監督官庁の定めるルール，業界団体のルール，業界慣行に詳しくなければなりませんし，さらには現地の同業者や規制当局，政治家などとのパイプも重要となります。日本でも業界によりますが，このような役割を期待できる法律事務

---

[1] 【1−6　海外法務部のデザイン】22頁参照。
[2] 【1−1　コーポレートガバナンス，内部統制，コンプライアンス】2頁，「1−5 法務の役割」18頁参照。

所がありますし,実際,特にアジア諸国の場合には,元役人の天下りの多い法律事務所を,この目的のために雇うことが多くあります。

また,たとえば小売事業を展開する場合には,このような現地規制対応だけでなく,顧客トラブル対応のように,日常的に発生する小さな問題への対応が必要になります。

この場合,訴訟対応や警察対応,苦情対応などに精通した,日本で言う「町弁」のような法律事務所を確保しておくこともあります。

他方,会社のガバナンスに関わるような業務を依頼する場合,たとえば会社法や財務,労働法[3]に関する業務を依頼する場合には,グループ全体のガバナンスにも関わりますから,グループ全体で連携して対応する場合や,グループ全体の置かれた状況を踏まえた対応が必要な場合もあり,日系や外資系の国際法律事務所の現地事務所に依頼することになるでしょう。

さらに,複数の領域に関わる場合,複数の法律事務所同士で連携してもらうことになります。すなわち,法律事務所にもそのような連携対応を受け入れてもらえることが条件の1つとなるので,この点はあらかじめ確認しておきましょう。

これらの法律事務所選びは,必要に応じて少しずつ広げていけば良いでしょうが,日本の会社であれば,ともに現地で苦労している仲間同士,という意識もあるので良い法律事務所を紹介してくれますし,そのほか,日本組織内弁護士協会や経営法友会など法務関係者同士による情報や,顧問である国際法律事務所による紹介も,これを探す手掛かりになります。

これに加えて重要なことですが,可能であれば実際に小さい事案を依頼し,その仕事ぶりを見て,本格的に雇うかどうかを検討しましょう。

3 事務所管理

さて,事務所管理の方法ですが,特に重要な案件を依頼する事務所の場合には,本社法務部,現地法務部(法務部がない場合には現地経営),現地法律事務所の3者間で,法律事務所を利用する際のルールを定めます。全件本社承認を必要とする場合,一定程度(金額や種類など)以上の案件だけ事前承認を必要とする場合,など,現地をどこまで信頼できるかに応じて決められます。日

系企業にありがちな，すべて現地に任せるのはやめましょう。同じ国の人間同士の信頼関係の方が，法務同士の信頼関係を上回る場合などには，コントロールが効かなくなるからです。

さらに，特に重要なのは「挨拶回り」[4]，つまり現地法律事務所を実際に訪問することです。それが国際法律事務所の現地事務所であっても同様です。

たとえば，複数の法律事務所を雇っている場合には，仕事を獲得するために当社の現地担当者に対してキックバックをするかもしれません。そうでなくても濃密な接待は珍しくありません。

けれどもこれらは，①賄賂と同様の問題[5]を含むだけでなく，②法務の機能を損ねることにもつながり，決して好ましいことではありません。特に法務やコンプライアンスに関わるべき法務担当者には，他の社員に対して厳しく接すべき場合もあることから，揚げ足を取られたり非難されたりしないよう高潔であることが求められます。仮に現地では許容される可能性があることとはいえ，その法務担当者が，会社からの給与以外に会社での立場を利用してキックバックを受けていれば，「お前たちも同じじゃないか」と思われ，結果的にその発言力を弱めてしまうのです。

このように，法律事務所を適切にコントロールするためにも，現地の法律事務所に「挨拶回り」をし，誰がスポンサーかを認識させることが重要です。

4 おわりに

特に海外事業立ち上げの段階では，現地事務所にお願いして，弁護士を週に1回でも常駐してもらうと良いでしょう。コストがかかりますが，現地経営者への牽制だけでなく，むしろサポートにもなるからです。もちろん，現地負担ですが，現地経営者の負担軽減やチャレンジに役立つとアピールしましょう。

---

3 労働法問題に関しては，日本のように労働法専門の法律事務所の利用割合が高く，元官僚の多い専門的な事務所を雇うべき場合もあります。
4 【1－7　海外法務部への挨拶回り】26頁参照。
5 【3－1　賄賂対策①（統一ルール）】70頁，【3－2　賄賂対策②（現地ルール）】74頁参照。

2−5　日本の法律事務所

用語解説

外部弁護士の意見を重視し，外部弁護士の指示を仰ぐ様子は，外国人にとって奇異に映る。外部弁護士に振りまわされるのではなく，外部弁護士を「コントロール」しなければ，マネージメント能力がないとして低い評価をされてしまう。

事例

Bは，日本国内大手法律事務所Zから転職してきた社内弁護士である。重大な訴訟事案をZに依頼することから，Bが担当者となった。Bは，法務部長Nや来日した本社General CounselのWとともにZでの会議に臨んだ。

ZのシニアパートナーY弁護士は，他の弁護団メンバー5名全員を連れて現れ，弁護団に説明をさせた後に，「本件は和解による解決を目指すべきである」との意見を披露した。

▶対応例

打合せ後，Nと2人きりの会議を設けたWは，Nに対して，Bの段取りに対する不安と不満を述べました。

Nは，BがZの出身者であり，窓口として適任であること，Zが，本件事案に関する専門性が最も高く，適任であること，日本の企業の場合には，このように大勢の弁護士が会議に参加したり，和解を狙った戦略を立てたりすることがよくあり，特に不自然ではないこと，などを説明しましたが，Wはなかなか納得しません。Wは当初，Bを担当から外すよう求めていたのですが，Nが一緒に担当し，指導しながら対応するということで渋々，Bが引き続き担当することに納得したのです。

Wがいなくなった後，NはBに対して，Wの様子を伝えました。Bは納得で

きませんでしたが，Nは，詳しいことは追々分かってくると思うが，とりあえず今後の進め方について，として次のような指示を与えました。

「事案の重要性から，今後もWらが来日して本件についてZ事務所と会議する機会があると思う。その際，基本的にY先生お一人で会議に臨んでもらうように。また，現時点では当社はあくまで勝訴することしか念頭にない，との前提に立って分析と助言をしてもらうように」

▶ 分　析

別のところで検討したように[1]，ここでWを不安にし，不満を与えた原因の1つは，Hard positionの問題です。そこでは訴訟ではなく交渉の場面を題材に検討しましたが，最初にこちらから謝罪してしまうような交渉は決して評価されない，ギリギリまで強気（Hard position）で交渉するのが，特に英米系企業のスタイルだ，ということでした。

本問でも同様です。

すなわち，最初から和解を狙い，弱腰の訴訟をするのではなく，最大限有利な結論を引き出すための最大限の努力が求められるのです。そこでの弁護士には，裁判官のような見方をして最初から努力を放棄することが求められるのではなく，依頼者の真の代言者になることが求められるのです。

このほかにも，Wが不安に感じ，不満を抱いた理由を検討しましょう。

1　お付きの人々

2つ目の原因ですが，Yが「お付きの人々」を引き連れて登場した点です。

きっとYは，①Z法律事務所の層の厚さとやる気を示し，②Yのマネジメント力を見せつけ，③事案に直接関与させることで弁護団の理解を深めさせ，④弁護団に顧客の重要人物に直接会ったという栄誉を与え，⑤あわよくば会議に参加したメンバーの分も会議参加費として請求しよう，などと考えていたのでしょう。

けれども，WはYに本件訴訟の遂行を依頼しました。つまり，Yがその分野

1　【4－1　Hard Positionを取る】92頁参照。

のプロであると紹介されたので選任したのです。もっとも，Wが自ら選んだ弁護士ではないことから，WがYを雇って良かったと安心するためにも，Y自身からもっと直接話を聞きたかったはずなのです。

　ところが，Yは多くの弁護士の協力がなければ仕事ができない弁護士であるかのような演出をしてしまいました。Yとしてはチーム力やリーダーとしての資質を示したかったのかもしれないのですが，かえって経験や能力と信念を持って，自ら先頭に立ってリードする力強さを見せられなかったのです。5人もの弁護士を同席させ，主要な説明も他の者にさせたことから，Wは「Y弁護士は本件事案を十分把握していないのではないか，自身による対応・遂行に自信がないのではないか」と感じてしまったのです。

　これは，リーダーに求める資質やイメージの違いがあるように思われます。

　つまり，特に米系企業では「地位が上の者ほどより多くの情報が集約されるのだから，より広くかつ深く知ることができるし，それが当たり前」といった考え方が浸透しています。トップ自らが把握して，自らの口で相手に伝え，説明することが求められるのです。逆に言えば，他の者に説明を任せるということは，知らない，情報が集まらない，コントロールできていない，自信がない，という印象を与えてしまうことになりかねません。重要な問題について，責任者が自らの言葉で状況を語り，戦略を語ることこそが信頼を勝ち取るために必要であり，聞き手の満足度を高めるのです。投資家説明会で，大企業の著名な社長が自ら原稿も見ずにプレゼンテーションしている図が普通であり，日本の株主総会のように，多くの役員をはべらせて社長自身は発言しない図は，リーダーシップのなさを証明するようなものであって，とても異様に映るのです。

　実際欧米では，有力な政治家や企業経営者が，大勢の「お付き」の者達を従えて移動したり会議に臨むことは，あまり多くありません。むしろ，地位や立場が上になればなるほど把握しなければいけないことが増えていき，自身の理解や把握の度合いを自らが示す，すなわち自ら話し，伝えることが求められることが多いのです。したがって，相手や事柄が重要だからといっても，最高責任者1人だけ，あるいはごく少人数で会議に臨むことはよくあることです。

　逆に，日本的な感覚では，相手や事項が重要であればあるほど，責任者1人で臨むことは，その相手を軽視しているとの印象を与えかねません。チーム全

員が対応する、という姿勢を示す必要があるのです。

このような、リーダーに求めるイメージの違いを理解しましょう。

2　役割分担

3つ目の原因ですが、Wが、Y弁護士とまず最初に「この訴訟をどのように戦うか」を議論したかったにもかかわらず、Yから最初に和解ありきの方針を勧められた点です。

これは、役割分担に関する認識の問題です。

すなわち、外資系企業が外部弁護士に求めるのは、企業自身の意思決定ではありません。方針決定は企業（企業内の法務部門）が行うもの、との大前提を崩すことは極めて稀です。外部弁護士に、そのような意思決定・方針決定の支援（先例調査や分析等に基づく洞察や推察など）を求めることはありますが、決定を委ねることはないでしょう。

また外資企業は、「こうする」と決めたら、外部弁護士にはその目的・目標の達成に全力でサポートしてもらうことを、強く求めます。決定自体が違法でない限りは、その妥当性を含め、結果の成否については企業自身が責任を負う一方で、外部弁護士には一緒になって実現を目指すことを求めるのです。「決めるのは我々、手伝うのはあなた方」という意識が明確です。

つまり、仮に和解するにしても、それを決めるのは自分たちであり、必要であれば時期をみて自分たちで判断するが、まだ何も始まっていない段階でそのようなことを提案してくるのは、戦うべき専門家として雇われていながら戦おうとしない「怠慢」か、依頼者の意思決定に干渉する「越権」に他ならないのです。

3　おわりに

日本の弁護士に、異なる文化、考え方、価値観を前提に行動してもらうことは容易ではないかも知れませんが、「Client first」というテーマは日本の弁護士にも当てはまるはずです。「Client first」を本社側にも理解してもらえるよう、上手に外部弁護士を「コントロール」しましょう。

第2章　経営力アップ

2−6　本社が雇った法律事務所

用語解説

　日本子会社の法務の意向も聞かずに本社側が法律事務所を雇い，それが日本子会社の意向に沿わない場合にも，無駄な抵抗をするのではなく，本社側と建設的な議論をし，現実的な体制や手続を作るのが得策である。

事例

　法務部員Iは，米本社が買収したM社の日本法人の吸収手続に関し，M社の買収・合併をグローバルにサポートしている米大手法律事務所Dの東京オフィスを使うよう，本社担当弁護士Cから要請された。
　Iとしては，日本の会社間における手続であり，先方の法務担当も日本人であることから，あえてD東京事務所の外国人弁護士に関与させる必要性は感じなかったため，Cの要請への対応について法務部長Nに相談した。

▶対応例

　Iは，「日本の弁護士のことをよく知っている自分たちが，ベストの法律事務所としてXに目星を付けているのに，外資系のはっきり言って大したことのないDを押し付けてくる」「こんなことじゃ，自分たちが責任を持てない」と，本社に対する不満をぶちまけました。
　Nは，「気持ちは分かるが，仮に大したことがない事務所だとしても使いようだろう」「我々の仕事に責任が持てるようにしつつ，本社の要求をかなえる方法を探そう」と，Iを落ち着かせました。
　Nは，「そのためにも本社が何を考えているのかを知らないといけない」として，本社側の指示の具体的な内容を聞きました。
　けれども，Iは詳しい内容を確認していませんでした。
　Nは，「怒っているだけじゃ仕方ないだろう。冷静になって，上手にCやD法

律事務所を使いこなす方法を分析しなきゃ」と言って，①Dを指名した理由，②Dに依頼する業務の具体的な内容，③日本の法律事務所を利用することの可否とその理由，④Dに対する報酬や費用を本社が負担するかどうか，⑤日本子会社の法務部をどのように関与させるつもりか，などを質問するように指示しました。

Ⅰからの質問に対してCは，「①②日本を含む世界各国でMの関連会社との統合作業を進めているので，すべてを統一的に処理するためにDを雇った。したがって，日本での統合作業すべてを任せたい」「③Dの日本支店には人材もそろっているし，経験もあると聞いているので，日本の法律事務所を雇う必要はないと考えている」「④本社が負担する」「⑤Dが円滑に業務を遂行できるようサポートしてほしい」というものでした。

これを見たⅠは，「結局，金は出すから口出すなっていうことですよね」と，不満の感情を新たにしていますが，Nは涼しげに言いました。

「いや，ここから我々がどうやって主導権を取り戻すか，だよ」

▶分 析

任されていない，と感じることは，特に経験や自信のある弁護士などの専門家にとって非常に辛いことですが，グローバルに事業を展開している会社の場合，Cのような指示が来ることも止むを得ません。

他方，不貞腐れて何もしないと，日本子会社は法的なリスクに適切に対応をしていないとして，職務放棄とみなされかねません。

そこで，両者の折り合いの付け方を検討しましょう。単に技術的に仕事を分担するだけでなく，「主導権を取る」[1]ことがポイントになります。

1 本社が雇った法律事務所は使いよう

第一印象として，日本子会社の法務が責任を果たせる体制のために，どのような権限を取り戻せばいいだろう，という視点から検討するように思われます。つまり，Cのプランからスタートしてどこまで日本子会社の法務に権限を移せ

---

1 【2-1 主導権を取る】(『法務の技法』64頁) 参照。

るのか，という検討です。

けれども，逆にDをどのように使えば便利だろう，という視点から検討してみましょう。

たとえば各国での統合作業の進捗状況を把握し，調整する作業は，異なる国の法律事務所が分担するよりもDに任せた方がうまくいきそうです。また，日本法や日本社会固有の問題をCや本社に理解させることも，Dに任せた方がうまくいきそうです。さらに，日本における実体法や手続法上の問題について，全体の統合作業との関係で検討し，整理することも，関係する国々の法制度まで責任を持って調査検討できる1つの法律事務所が一括して対応した方がうまくいきそうです。

そしてこれを整理してみると，各国での統合作業を統括する業務と，各国で実際に統合作業を行う業務に分けた場合，前者についてはDを活用した方が楽である，他方後者についてはXに任せた方が会社のためになる，という「大きな」結論に辿り着けます。

このように，CやDを使いこなそうという視点で見ると，視野を広くすることができ，各論での調整や神経戦に終わらない骨太な議論が可能になるのです。

2　リアリティー

次に，この「大きな」結論をCに認めてもらうことが必要です。

そのために，今度は具体的な業務内容をできるだけリアルに描き，その中でDやX，日本子会社の法務や米本社の法務の役割を明確にします。

たとえばCに対して報告すべき事項として，「当社日本子会社とM社日本法人との吸収手続に関連する法令上，行政上その他の要求の概要と手続完了までのスケジュール感を早め早めに伝えること」「手続の遂行に際して考えられる障害事由や法的リスクについて，最初に正確に説明すること」「手続の進捗状況についてのタイムリーな報告をすること」を，想定される工程表に照らして，より具体的に描くのです。

ここで，リアルな業務内容や役割分担をしておかないとどうなるでしょうか。

たとえばDではなくXに任せようと考えている業務について，「同じ日本の弁護士だからこの程度のことはDにもできるはずだ」などと，Cに突っぱねられ

る可能性が高くなります。他方，その業務がいかに独特なもので，専門的な能力や経験が必要とされているのかがリアルに描かれていれば，一応のことしかできないDに任せるべきではない，とCを納得させる可能性が高まります[2]。

このように，具体的なイメージをCと共有することを目指しますが，その作業が同時に，我々の検討が十分かどうかの検証にもつながります。抽象的な役割論に終始して，「総論賛成，各論反対」に終わらないようにするためにも，リアルな業務内容や役割分担を作成しましょう。

3 おわりに

実際に複数の法律事務所を雇うこと自体については，特にグローバルな案件や専門性の高い案件の場合にはよく見かけるようになってきました。法律事務所側の抵抗も，昔ほど大きくないように思われます。

けれども，複数の法律事務所を雇った場合の問題は残ります。

たとえば，日本側法務がXから得たアドバイスなどに基づいて形成した意見や提案と，Dの見解とが乖離してしまうことや，情報ルートや検討の当事者がDに偏重してしまうことです。船頭が多くなりすぎたり，逆に日本側の関与や影響の度合いが低減してしまうことは，好ましくありません。両事務所間の調整に手間取ったり，知らない間に本社の意思決定がなされていた，という弊害は避けなければなりません。

したがって，Dと本社との連絡や協議などに，特段の事情がない限り日本の法務が関与すること，あるいは少なくともどのような情報や法的助言等が提供されるのかを共有してもらうことを，CとDに了解してもらうことが重要となります。さらに，もし日本子会社と本社との見解や意思決定等に相違や対立が生じた原因が，それぞれがDとXの法的助言等の相違にある場合には，どのように調整して最終決定をするのか，についてもあらかじめルールを決めておくと良いでしょう。

---

2 【2-7 たとえ話】(『法務の技法』82頁) 参照。

第2章　経営力アップ

2-7　メンタープログラム

> **用語解説**
>
> 　仕事上の悩みなどを同じ会社の先輩に相談することができる，会社の正規のプログラム。「飲みニュケーション」に代わり得るだけでなく，メンター（相談者・助言者）選定ルールやその運用次第で，多様性などにも貢献する。

事例　　法務部長Nは，女性法務部員Yから「自分のメンターに，当社初の女性取締役となったUさんになって頂きたいのですが，どうでしょう？」と相談を受けた。NはYに対して，Uだけでなく，本社法務部門のSenior lawyerであるCにも，メンターになってもらうようアドバイスした。

▶ 対応例

　NはYに対し，さらに以下のようなアドバイスをしました。

　「君も知っているとおり，UさんやCさんはかなりシニアなポジションにいて仕事が大変忙しい。そのような2人の貴重な時間を分けてもらうのだから，それぞれにどのような相談をしたいのか，それは何故か，それにより自分の課題や悩みをどう解決してどのように成長したいのか，まとめておくように」

　「このプログラムは，メンティー（相談する側）が，メンタリング（相談）の頻度や1回あたりの時間等を提案し，スケジュールのアレンジも行い，各回の相談や議論のテーマも設定することになる。その点で，上からの業務指示や命令を受けて行うような通常の業務とは大きく異なる。君のやる気と行動力がなければ，このプログラムは実施する意味がないし，その効果もない」

　「Uさんは，当社の研究開発部門でキャリアを発展させ，取締役として経営に参加して来た。異なる分野で努力と工夫をしてきた，しかも女性としてがんばってきた先輩として，非常に学ぶことが多いだろう」

「Cさんは，同じ法務部門の先輩であるだけでなく，特にアメリカ本社で，しかもアメリカ国籍ではないのにキャリアを形成発展させてきた。プロフェッショナルである弁護士としてだけでなく，グローバルな環境で努力してきた経験の両面において，とても参考になる助言を得られるだろう」

▶ 分 析

1 プログラムの内容

多くの欧米系のグローバル企業では，厳格な指揮命令関係[1]を維持運用する一方で，従業員のキャリア形成や成長に関する悩みや質問などに対して，そのような業務上の関係にとらわれず，より多彩な経験を有する他の社員が，原則として1対1で相談に乗りアドバイスを与えるといった，「メンタープログラム」を策定し，より多くの従業員に活用を推奨しています。

日本には，上司や先輩が部下や後輩と酒を飲みながらじっくり話をする，といった非公式プログラムの「飲みニュケーション」がありますが，メンタープログラムは，以下の点でこれと異なります。

第1に，これは会社の正規のプログラムです。

すなわち，業務に支障がない限度であれば，業務時間内に会社の設備（会議室や電話等）を使用することが許されます。いわゆる業務遂行そのものではありませんが，仮に業務時間内に行ったとしても，それをもって業務懈怠とはみなされません。その意味で社内プロボノといえるでしょう。

第2に，ここではメンティーが主体となります。

すなわち，メンティーが主体的に相談内容や条件（頻度，相談方法，時間など）を提案し，アレンジします。指揮命令とは異なり，下位者から上位者へ働きかける性質を有します。

また，原則としてメンティーは自由にメンターを選ぶことができます。メンターを同じ部門や同じ国などに限定する必要はありません。もちろん，どんな願いでも叶うわけではありませんが，メンターが属する部門や国，地域などの制限がないのが一般的です。自分と全く違うキャリアの人にメンターとなって

---

1 【1－3 Report (ing) Line①】10頁，【1－4 Report (ing) Line②】14頁参照。

第2章 経営力アップ

もらうことも可能です[2]。

プログラムの実施の態様は千差万別ですが，頻度は月に一度，時間は30分から1時間程度であることが多いようです。同じ地域や法人内であれば直接面談できますが，距離が離れていれば電話で実施されます。テーマは，自身のキャリアや成長に関することのほか，特に新入社員や中途入社員にとっては，価値観，社内ルールやマナー，報告の仕方など，会社で働くうえでポイントになることもテーマになり得ます。直属の上司とどうしてもウマが合わない，といった人間関係的な相談にも乗ってもらえます。

このプログラムは業務上の相談や報告ではありませんから，「こうしなさい」「こうすべきだ」といった指揮命令的な内容とはしません。基本的には「こうしたら良いのでは？」「こういった考え方（や方法）もあるよ」など，最善と考える助言や示唆を与えるにとどめ，メンティーが自身の問題として十分に考え，決断し，行動できるように支援する，といったアプローチを取ります。

第3に，ここでは相談内容の秘密を守ることがルールとなっています。

すなわち，原則としてメンターは相談内容を他者に共有しません[3]。

2　プログラムの効用

では，このプログラムの効用はどこにあるでしょうか。私自身がかつて勤務していた米系グローバル企業で，何人かにメンターになってもらい，逆に何人かのためにメンターとなった経験に基づいてお話ししましょう。

まず，相談内容ですが，仕事や企業，組織についての考え方，行動の仕方，自身が成長する余地のあるところ，キャリア形成の捉えかたなどに関して，メンターから多くのことを学ぶことができました。特に，異なる仕事やキャリア，環境，地域の人からの助言は，大変参考になり，視野が拡がりました。

また，自分が他者のメンターをする際には，自身が悩んだり困ったりしたことを思い出しながら有効な解決を一緒に考えてサポートしましたが，メン

---

[2] ただし，なぜその人に依頼するのか理由をきちんと説明できないと，「それではお互いにとって時間の無駄となりかねないね」と断られる可能性があります。
[3] 会社や社内外の他者に深刻な悪影響や損害を与える危険が認められる，といった例外的な場合は別です。

ティーの役に立てたときには「人を育てる」手ごたえを感じたものでした。

このような，メンタープログラムを積極的に推奨している欧米系企業の価値観あるいは考え方の根底には，何があるのでしょうか？

それは，非常に強い「ベストプラクティスの尊重と追求」の意識だと思われます。これは，会社や従業員に足りないもの，もっと良くなるもの，違ったやり方ができるものなどを見つけようとする非常に強い意識です。他社や他者の優れた点は，躊躇せずにそれを自社や自身にも取り入れようとします。誰にとっても従来の考え方ややり方を変えるのは，面倒ですし不安です。ややもすると，「あの人と私は違うから」などといった「できない理由」を探しがちですが，「良いものは先ずやってみよう」「もっと良いものにしよう」と努力してみることが，「ベストプラクティスの尊重と追求」という意識のようです。

そして欧米系企業は，メンタープログラムを通じてより多くの者にこの意識を植え付け，向上させようとしているのではないでしょうか。

3 おわりに

さらに，これにはダイバーシティに貢献する面もあるように感じます。現在の日本では女性活用に重点が置かれていますが，ダイバーシティはそれに限られません。グローバルなメンタープログラムは，人種，民族，性別，文化，キャリア，仕事の経験などが異なる社員相互のコミュニケーションを促進させ，その中から共通点や異なる点を，それぞれが発見し，考え方や行動に生かそうとしています。「やっぱり世界は広いな」と実感させることに価値があるのです。

また日本では，ダイバーシティーとは多様性すなわち「異質性」の受容と捉えられていますが，さらに「同質性」の受容でもあるべきです。

たとえば，多くの男性社員は，仕事に生きがいを見い出し，一所懸命努力してキャリアを形成しようと思いますが，それは女性でも同じことです。責任のある仕事を任せられたい，結婚して子供を産んだ後も仕事を続けたい，キャリアを発展させたい，後輩を育てたい，と願うことは，男性と「同じ」だということを受け入れ，協力し，支援すること，これもダイバーシティの考え方です。

真のダイバーシティは，「異質性」や多様性と「同質性」や共通性をともに尊重し，受容することなのです。

2−8 法務のキャリア

用語解説

　弁護士が自分のキャリアを考える場合，弁護士の資格を生かし，弁護士としての能力を伸ばすことを中心に考えがちだが，思い切って弁護士の資格を返上することも選択肢に入れると良い。その際，自分ができることについて抽象的にあれこれ考えるのではなく，具体的なスキルや適性を考えるのがポイント。

事例

　法務部員であり，社内弁護士であるAが，法務部長Mに自分のキャリアについて相談をしている。法律事務所から社内弁護士に転じて2年半，会社の中の様子もよく分かってきたが，社外の弁護士に戻って客を獲得できる自信もない，などと話したところ，MはAに対し，「いっそのこと，法務にこだわらずにビジネスマンになったらどうか？」とアドバイスした。これを聞いたAは耳を疑った。

▶ **対応例**

　Aは，「え？私がこの会社に転職するときMさんに面接してもらったので，入社後，私を選んでくれた理由をお聞きしましたよね？そこでMさんは，弁護士らしい倫理観とバランス感覚が誰よりも優れていたから，と言ってくれたんです。嬉しくて今でも覚えている大事な言葉なんです」と話し始めました。「けれど私に法務にこだわるな，というのはどういうことですか？　弁護士として期待に沿えなかったということですか？」

　これに対してMは，「いや，決して期待を裏切っていないし，むしろ期待以上のことをやってくれているよ」と答えました。

　「そうであれば，僕としては社内弁護士としてのあり方をもう少し追求してみたいとも思うんですが，法務にこだわるべきでない，ということは社内弁護士を追求しても意味がない，ということですか？僕は社内弁護士に向いていな

い，ということですか？」

　Mは，これに対して「いや，そんな消極的な選択を説明しているわけじゃない。君の弁護士としての能力は大したもんだし，社内弁護士の理想を追求することも一つの選択肢だと思う。言いたいのは，それに加えてビジネスパーソンになるという選択肢もある，という積極的な選択だ」と答えました。

　「けれど，この会社に弁護士資格を生かせるビジネス側の業務があるとは思えません」

　Mは，「そうだね。だから，弁護士資格に囚われず，むしろ弁護士資格を返上してでもビジネスに飛び込んでみたらどうか，ということになるね」と答えました。Aは唖然とした顔をしています。

▶ 分　析

　私と関わりのあった社内弁護士を見ている限り，弁護士としての能力を磨いて弁護士としてのキャリアを高めていくことにこだわるタイプと，日本ではまだ極めて少数ですが，逆に弁護士としてのこだわりが相対的に小さく，ビジネスマンとしてのキャリアに興味を示すタイプがあります。ここでのAは前者のタイプですが，社内弁護士時代も含めたキャリアや求められる能力などについて，私の考えを整理してみたいと思います。

1　社内弁護士を採用する基準

　私が法務部門を所管し，自ら社内弁護士を採用していた時期に，何を基準に社内弁護士を採用していたか，という問題から整理しましょう。

　ポイントは2つあります。

　1つ目は，倫理観です。

　具体的には，コンプライアンスに関する事例を質問し，自分であればどのように考えるのか，考え方を聞くことにしていました。ここでは，コンプライアンスを犠牲にすれば儲けが出るような具体的事例を設定し，質問するのです。

　ここで，対立する利害を正確に把握すること，すなわちコンプライアンスとビジネスの対立を把握することはもちろん重要ですが，だからと言って，あまりに功利主義的な考え方をする人は採用しないことにしていました。

なぜなら，倫理的な問題があったとしてもそれを経済的な補償でカバーしようという考え方は，見つからなければ儲けるために何をやってもよいということになりかねず，会社のリスクコントロールを担う立場として問題だと思われるからです。コンプライアンスに関する問題は全人格が問われ，その人の様々なバックグラウンドの中で決まってくるものです。会社の品格に関わる重要な職務にある社内弁護士には高い倫理観が求められます。

　2つ目は，柔軟性です。

　とは言うものの，法令遵守を徹底させるだけの頭の固い人も採用しないことにしていました。

　ここでも具体的な事例を質問していました。たとえば「社内で業務利用するために新聞のコピーを取るのは，法律違反だけど本当にダメなのか？」など，答えるのが難しい質問をすることで，その人の柔軟性を探っていくのです。

　今の言葉で言うと，ブレないが柔軟，ということでしょうか。社外の弁護士のように，難しい判断は依頼者の仕事と割り切るわけにはいかない，社内弁護士の立ち位置の難しさを考えれば，倫理観と柔軟性という一見相容れないことを受け止められるバランス感覚が重要なのです。

2　社内弁護士のキャリア

　次に，社内弁護士になった後のキャリアです。

　わざわざ難しい司法試験に，人生の大事な時間を割いてチャレンジしたのですから，弁護士という資格はとても大切なはずです。そして，武士がその技を磨いて一流の剣士を目指すように，弁護士としての技量を磨き，一流の弁護士になりたい，という意識を持つことも，とても良いことだと思います。

　日本の社内弁護士の数や質は，欧米の企業に比べてまだまだ見劣りします。翻って，社内弁護士に期待される役割もまだまだ限られています。ジェネラルカウンセルを置き，社内弁護士に法的な問題だけでなく経営全般に責任ある関与を求めている会社はまだ少数です。法務担当役員や法務部長が選任されていても，それはマネジメント経験の豊富な，弁護士ではない従業員がほとんどです。弁護士自身が法務部門やコンプライアンス部門をマネジメントするという発想はありません。むしろ法律の専門家は，経験あるマネジメントが使って

こそ活用できるという発想です。

この意味で，一流の社内弁護士が増え，日本企業における社内弁護士に対する期待を高めていくことは，日本企業の国際競争力を高めるうえでも重要です。

けれども，私が相談を受けると，「弁護士という資格に自分の可能性を制限されてはいけない」とアドバイスします。

というのも，資格を取らないと弁護士にはなれませんが，誰もが一流の弁護士になれるわけではありません。

他方，社内弁護士になってみれば実感するはずですが，社内弁護士は所詮脇役です。主役であるビジネスが適切にチャレンジできるよう，適切にリスクコントロールし，荷上げをするシェルパのような仕事です。従業員やその家族の生活を背負い，それでもビジネス上必要なチャレンジを決断していく，という会社経営者の責任感と能力は，弁護士がその資格に甘えて避けているチャレンジによって得られるものです。この意味で経営者は，弁護士より一回り大きく感じるはずです。

ビジネスに興味を持ち自らビジネスにチャレンジする立場に行きたい人は，自分自身のキャリアとして積極的にチャレンジして欲しいと思います。弁護士は法律以外のこともできる，ということを証明する人たちがいることによって，社内弁護士に対する評価も上がるのではないでしょうか。

3　おわりに

弁護士資格を返上してしまえば自分に何が残るのでしょう。ビジネスパーソンとしての能力は最初からビジネスをしている人たちよりも劣るかもしれません。しかし，抽象論ではなく，もっと現実的に自分自身に何の強みがあるのかと冷静に考えてみることです[1]。分析力，記述的表現力，交渉力，ディール構築力，プロマネなどビジネスに直結する優れた能力をもつ弁護士は少なくありません。

弁護士資格に縛られず，広い視野で自分のキャリアを考えましょう。

1　【2-3　記述化，プロセス化，数値化】44頁参照。

第3章

防衛力アップ

第3章　防衛力アップ

3−1　賄賂対策①（統一ルール）

用語解説

　賄賂の反社会性は国際的に普遍的になってきており，国際的に事業を展開する企業は何らかの対策が必要である。その1つが，世界中で賄賂をすべて禁止する方法だが，建前だけでなく，この方法の限界も理解しておかなければならない。

事　例　外資系企業の社内弁護士Aが，大学の先輩で日本企業Qの社内弁護士Bに頼まれて，自らの上司Mとの会談の機会を設けた。Qがアジア諸国に事業を展開しようとしているが，賄賂に関する会社の方針を決めかねているので，外資系の会社がどのように対応しているのか参考にしたい，ということだった。

▶対応例

　Mは，「特にアジア諸国でビジネスを行うには，まだまだ賄賂が必要だからね，対策というか覚悟というか，とにかく対策方針をしっかりと決めておく必要があるね」「けれども，外資系企業にもこれといった回答はないよ」と話を始めました。そのうえで最初に，グループ会社全体に共通する統一ルールによって賄賂禁止を徹底する方法について話をしてくれました。

▶分　析

1　はじめに

　賄賂[1]は，公務及び公務員への信頼を傷つけるもので，違法とされるのが普通です。

　外国公務員への賄賂規制の強化は，ロッキード事件が引き金でした。しかし米国で規制が強化されたことによって米国企業の国際競争力が低下したため，

米国政府の働きかけによってOECDがガイドラインを示し，日本もこれを受けて不正競争防止法の規制強化などを行いました。ここまでは，各国の国内法の強化でした。

ところが，最近では新たな局面に入っています。たとえばイギリスの2010年贈収賄法（Bribery Act 2010）では，①贈賄が行われた国に関わりなく，②外国の企業であってもイギリスに関わりがあれば，訴追されるのです。すなわち，日本企業がアジアのある国で贈賄を行った場合，イギリスで製品を販売していれば，イギリスで処罰される可能性があるのです[2]。

ところが，たとえば日本の刑法で，①外国で，②外国人によって行われた行為まで処罰範囲を拡大しているのは，日本人を被害者とする重大犯罪[3]か，特に条約が存在する場合[4]に限られています。伝統的に，各国の主権を前提とする国際法秩序では，その国との条約がある場合などを除き，他国民や他国企業の活動を処罰の対象としてきませんでした。

これに対して，イギリスの贈収賄法は，条約があったうえでの処罰拡大ではありません。特に，賄賂を犯罪としない国にとって，これは主権の侵害として受け入れられないはずです。ところが実際には，イギリス政府に対する国際法的な政治的批判よりも，この贈収賄法への実務的な対応が始まっています。従前の常識に反する一国の法律が実務レベルで受容されているのは，賄賂は許されないという価値観が世界的に共有されているからでしょう。

ここから，本書では2つのポイントを教訓として読み取ります。

第1は，賄賂禁止のルールがより普遍的になっていく，という方向性です。他の国がイギリスに追随する可能性は，高いように思われるのです。

第2は，実はこちらの方が重要ですが，賄賂に対する社会的非難が国際的に共通であることが明らかになった点です。現実に賄賂に対し寛容な国がありますが，その認識や感覚は，少なくとも普遍的ではないのです。特に，国際的な

---

1 ファシリテーションペイメントと称される場合も含めるものとします。
2 もちろん，当該国で犯罪にならない場合には処罰しないなどの条件があり，無条件に処罰範囲を広げるものではありません。
3 殺人，誘拐，強姦（刑法3条）など。
4 「核によるテロリズムの行為の防止に関する国際条約」の定める犯罪（放射線発散処罰法8条，刑法4条の2）など。

企業が，例外なく賄賂禁止の社内ルールを推進していることは，この世界的な動向や感覚を理解しているからです。

　国際的な企業の法務であれば，これらの動向を理解し，事業のリスクを適切にコントロールすることが必要です。

2　世界的な対応の必要性と限界

　このように賄賂を違法とする意識が国際的に浸透している状況で，国際的な企業は，当然，賄賂の禁止を世界的に徹底することを検討します。未だに賄賂に寛容な国があるので簡単ではありませんが，賄賂が第三国での事業展開に悪影響を与えることが現実になった以上，グループとして賄賂を否定し，徹底するのです。

　ここで，賄賂の違法性に関する各国の法制度や社会的な認識の違いが，概念や認定方法に関する技術的な違いにすぎなければ，ビジネス側も我慢できます。競合他社よりうちは少し慎重なだけだ，会社のポリシーとして説明できる範囲だ，むしろポリシーのしっかりした会社としてアピールできるかもしれない，と割り切ることが可能でしょう。

　けれども，他社が可能なのに自社だけが不可能である場合，ビジネス側が受け入れることは，極めて難しくなります。競争上のハンディは量的な差ではなくなり，ビジネスが不可能になるからです[5]。けれども，企業は営利を追求するのですから，現実にこれらのようなことは不可能です。誰がそんな国への投資を決断したのか，という責任問題になってしまいます。

　そして現実に，程度が違う場合だけでなく，そもそも賄賂が禁止されていない国が存在します。世界的な統一ルールを設定し，徹底するという方針を選択する場合には，このような限界を理解しておく必要があります。

　ここでは，実際に統一ルールを定めたものの，現地では賄賂が不可欠な場合にどのような事態が生じるのか，統一ルールの限界を確認しておきましょう。

3　現地法人による贈賄

　想定される第1の事態は，現地法人等による贈賄です。

　すなわち，本社が営業成績を強く求め，また，本社による賄賂禁止の指示が

不徹底であれば，現地法人等が贈賄するリスクが高まるのです。

ここで，本社による賄賂禁止の指示やプロセス，インフラにより徹底されていると評価されれば，現地支店による贈賄は現場の暴走にすぎないとして，グループ自体の法的な責任を免れることができるかもしれません。しかし，外国公務員贈賄罪に関する法人の両罰規定では過失が推定されます。無過失を証明することは簡単ではなく，また，風評のリスクもなくなりません。

4　現地取引先による賄賂

想定される第2の事態は，販売代理店など現地取引先による贈賄です。

すなわち，現地法人が自ら贈賄しない代わりに，その販売代理店による贈賄を「見て見ぬふり」をするのです。

これは，上記第1の場合よりも，グループ自体のリスクはやや小さくなると評価できるでしょう。しかし，FCPA（海外腐敗行為防止法）では間接的支払いも禁じられています。米国企業や米国人の場合，間接的に賄賂が支払われることを知り得た場合にも処罰の対象となるので注意が必要です。日本法でも共謀，教唆，幇助とされる可能性に十分注意が必要です。

5　おわりに

賄賂の欠かせない国が現実に存在する以上，賄賂を禁止するルールを世界的に徹底することは，リスクを減らす効果があったとしても万全の対策ではありません。法務部門は，この限界も知っておく必要があるのです。

5　賄賂がなくても他社に勝つことができる商品やサービスを開発する方法もありますが，それができれば誰も苦労しません。賄賂がなければそもそも市場に入れない場合もありますので，ここでは検討対象外とします。

第3章 防衛力アップ

3−2 賄賂対策②（現地ルール）

> **用語解説**
>
> 　国際的に賄賂禁止が普遍性を獲得していく一方，一部の諸外国ではいまだに賄賂が当たり前であり，そのギャップに対応するためのもう1つの方法。国ごとの実情に沿った対応が可能である反面，リスクを飲み込む覚悟が必要。

▶ 事 例

　日本企業Qの社内弁護士Bの質問に対し，外資系企業の社内弁護士Mが賄賂対策について説明している。賄賂の反社会性が国際的に認識されるようになったにもかかわらず，統一ルールによってすべての国で賄賂を禁止することの限界を聞き，Bは，その他の方法はないか質問した。

▶ 対応例

　Mは，「統一ルールでないとすれば，各国の実情に考慮した現地ルールを定めることになる，ということは当然理解できるね」「けれども，統一ルールよりも柔軟で現実的な反面，誰かがリスクを飲み込む覚悟が必要なことなんだ」

▶ 分 析

1　はじめに

　賄賂[1]の禁止は，国際的な常識になってきています。

　賄賂対策の1つとして，統一ルールを作って賄賂を全面的に禁止する方法が考えられますが，表面上はこれを守りつつ，①現地法人等が賄賂を使ったり，②現地代理店等の取引先に賄賂を使わせたりする，などの限界があります[2]。

　実際，特にアジア諸国では，様々な意味の「賄賂」が要求されます。

　典型的には，政治家や上級官僚の場合，賄賂は私腹を肥やす不正蓄財の手段となります。新たな利権を得る対価としての賄賂がその典型であり，プロジェクト総額の5〜10％という巨額なものになることもあります。

74

他方，下級公務員の場合，賄賂は生活収入を得る手段となります。窓口業務などの日常業務の際に授受され，安い給与収入を補うものとなるからです。これは，欧米のレストランのウェーターやホテルのボーイがチップをもらって生計を支えていることと同じ感覚です。要求する側に悪気などないかわりに，支払い渋ると業務に支障がない場合もありますが，商品の通関が止まったり，駐在員のビザが下りなかったり，やたら計画停電になったりすることもあります。

そこで，このような実態に配慮して，あくまでも例外的なルールとして，当該国だけ限定的に支払いを認めるルールを作る方法があります。

2 例外ルールの内容

例外ルールの内容は，個別具体的に検討するしかありませんので，詳しくここでその内容を決定することはできませんが，ポイントをまとめておきます。

1つ目のポイントは，国際的なルールとの整合性です。まずはOECDガイドライン，FCPA Bribery Act 2010，不正競争防止法など国際的に適用される賄賂に関する規定を正確に理解することです。

また，賄賂が禁止されている趣旨に照らせば，同じように国際的なルールに違反するとしても，その程度を小さくすることは可能です。

すなわち，贈賄が許されないとするルールは，国内的には①公務（公務員）の中立性や信頼性が害されることが，その処罰根拠なりますが，②単なる約束や賄賂の授受だけでなく，実際に公務の中立性が害された場合には，より重く処罰される場合が多いようです。国際的には公正な競争の確保です。

そうすると，同じ利益供与でも，大きな裁量権のある上級官僚や政治家に対する贈賄によって本来であれば獲得できない権益を獲得した場合の方が，下級公務員に対するファシリテーションペイメントで，それによって通常行われる行政サービスを受けるだけで，それがなくても獲得できた場合よりも，前者はより反社会性が高いと評価可能でしょう。

2つ目は，それぞれの国の賄賂に関する法規制と実務的な対応です。

---

1 ファシリテーションペイメントと称される場合も含めるものとします。
2 【3－1 賄賂対策①（統一ルール）】70頁参照。

たとえば、法令のみならず判例や実務上の指針などを丁寧に調査すれば、どのような場合により危険になるのか、見えてきます[3]。そこで、賄賂の種類に応じて2つに分け、①上級官僚や政治家に対する営業上の不正な利益に関する贈賄はすべて禁止し、②その他の贈賄であっても、現地法または国際的規制に明確に反することも社内的に禁止すべきです。現地法及び国際規制でグレーな部分については、上述の調査と分析、また、現地法律事務所の意見書に従って、社内ルールを定めていくことになります。

　そして、このような現地ルールをどのように定めるのか、が次の問題になります。統一的な賄賂全面禁止のルールで対応する場合には、正々堂々とルールを定めれば良いのですが、例外ルールを設ける場合には、会社でグレーと判断したものが社会からクロと評価された場合、会社ぐるみであると非難される可能性があるからです。

3　ルールの定め方①（正式ルール）

　1つ目の定め方は、本社の正式な決定とする方法です。

　すなわち、例外ルールの必要性や相当性、内容について、第三者意見書を含め全社をあげて十分検討し、そのリスクも十分理解したうえで、会社の正式ルールとして例外ルールを定めるのです。

　この方法によれば、現地を含めて、社員にとっては大変分かりやすく、グレーゾーンのリスクを社員に押しつけることもありません。

　しかし、たとえばその国で、この正式な現地ルールに従った対応をしたのに贈賄で処分されたり、結果的に処罰されなかったものの、その国の腐敗ぶりが国際的に非難されたりすれば、それに伴って会社も国際的に非難され、大きな打撃を受けてしまいます。経営陣の交代では収まらない可能性もあり、会社は、会社全体としてこのようなリスクを飲み込む覚悟が必要なのです。

---

[3]　実際には、規制のポイントとなる「公務員」概念が不明確であったり、公務員でない場合も規制対象になるなど、規制がまちまちですので、慎重な調査が必要です。

4　ルールの定め方②（運用ルール）

　2つ目の定め方は，会社全体の正式ルールではなく，本社法務部の運用ルールとして定める方法があります。本社経営陣にはこのことを知らせず，本社法務部が独自に定めるのです。

　もちろん，決裁権限に関する社内ルールに対する明確な違反になることは否定できません。しかし，法務部門は関連規定の解釈権限があり，それに基づき，一定の行為を賄賂ではないと解釈するような運用ルールを定めることは不可能ではないでしょう。

　また，ここまでして経営陣を守ろうとしても，本社の中枢である法務部が関与している以上，実際に経営陣を守り切れる保証はありません。

　けれども，それが法的な処罰に至らず，社会的な非難の段階にとどまり，法務部の定める運用ルールにそれなりに合理性があり，情状酌量の余地があるとみなされれば，法務担当役員に対する処分だけで許される可能性も期待できるでしょう。また，現地支店も，本社法務部が現実的な裏ルールを定めてくれることで，本社法務部の言うことをよく聞いてくれるようになりますので，副次的な効果として，その国に対するコントロールがより効くようになることが期待されます。

5　おわりに

　お察しのとおり，ここで紹介した対応策も，決してお勧めできるものではありません。世界的な動向を無視して開き直ることに他ならないからです。

　だからといって，何もかも曖昧なままで対応すると，それ以上に危険です。誰が勝手なことをするか分からないからです。

　ここでは，冷静な分析と，思い切った決断が必要です。さらに，時代や規制の変化についても常にアンテナを張っておきましょう。

第3章　防衛力アップ

3-3　*We don't know yet.*

> **用語解説**
>
> 　法務部門の業務の重要な一部に，法的見解（ポジションともいう）を示すことがある。一般的には何らかの見解を示すことが期待され，望ましいのであるが，時としてそれを回避して"We don't know yet."と答えるほうが適切な場合がある。

▶ **事例**

　法務部員Kは，ソフトウェア開発が計画通りに進まずに顧客とトラブルとなっている案件に関して，営業担当者Aから「トラブルの原因が当社の開発部門のどのようなミスや不手際にあるのか，当社がどの程度の責任を負うことになるのか，法的な意見を出してほしい」と相談を受けた。Aは営業担当者として，当社がある程度の責任を負担してでも本件を円満に解決し，顧客との良好な関係を維持したいと希望している。

▶ **対応例**

　Kは，Aや当該ソフトウェア開発エンジニア達から事情を聞いたうえで，契約条件に照らし，参考になる判例等を分析して，本件トラブルに関して当社が責任を負う可能性の有無や責任の範囲・程度等の算定に着手しました。

　Kから報告を受けた法務部長NはKに対し，「米本社を含め，社内の営業部門や会計部門等にはまだ具体的な見解を出さないように」「特に本社から法務の見解を問われた場合には，"We don't know yet."とのみ答えるように」と指示しました。

　これに対し，Kは心配になり「本社に対して，聞いてないよ，と回答するのですか？それは，現場が相談に来ていないという意味ですか？聞いていないフリをするのですか？」「社内でのコミュニケーションが取れていない，と非難されるのではないですか？」と質問しました。

3−3 We don't know yet.

これに対してNは，ニコニコしながら「いや，そういう意味じゃないから大丈夫だよ」と答え，その意味や考え方を教えてくれました。

▶ 分　析

"We don't know yet."と言った場合，何を知らない，というのでしょうか。

Kはこれを，「当該案件の存在」を知らない，と受け取りましたが，Nが言おうとしているのは「報告すべき結論」を知らない，という意味です。すなわち，Nは「聞いたかどうか」を問題にしているのではなく，「まだ検討中」である，と伝えたかったのです。

会社によっては，"We can't answer yet."や，"We are now studying."など，別の表現が普通の場合がありますが，ここではその英語表現の問題ではなく，このように回答や報告を留保することについて，検討しましょう。

1　法的な問題にとどまらない

まず，会社の法務部門は社外法律事務所と違う点が重要です。

たとえば，トラブルの原因，代替策の有無や可否，顧客側の事情や計画変更に対する考え方などによっては，単純に現行の契約条件に照らして判断するだけでは不十分です。すなわち，開発の軌道修正の可能性がどれだけあるのか，そういった観点からの話し合いが顧客との間で十分尽くされたのかが不明である状況で，法的な責任に関する法務部門の見解が出てしまうと，顧客との円満な解決が不可能になってしまったり，大きな制約が生じたりしかねないのです。

あるいは，トラブルによる影響（利益減少あるいは損失の計上）の検討が不十分かもしれません。すなわち，本件の場合，営業部門としては問題を小さくしてしまいたいのでしょうが，実際に損害の影響を受けるのは営業部門ではなく事業部門（当該ソフトウェア開発事業部門）です。営業部門と事業部門の利害が対立するかもしれない問題について，当事者たるべき事業部門の責任者，さらには本社側の責任者は，その影響を受け入れるのか，受け入れるとしてどの程度までか，そのリカバリーとして有効な策はあるのか，また，全社財務の予算計画にとってどの程度の影響は受け入れ可能（あるいは不可能）とCEOやCFOは分析しているのか，といった検討がまだ完全に尽くされてはいない

第3章 防衛力アップ

状況で，法務部門の見解を出してしまうことの影響も重大です。

　このように，単に法的な見解を出せばそれで終わるわけではありません。社外法律事務所を使ってそのような見解を取得しても構いませんが，社内の法務部門は，それを会社の業務に実際に反映させることを担うわけですから，一種の社内調整を行い[1]，あるいは会社業務に対する影響を見極めてから初めて，具体的にどのような見解にすべきかを決める場合があるのです。

2　財務上の問題

　業務への影響に関連して，特に慎重な配慮が必要な問題が，財務上の問題です。これは，米国の会計基準（USGAAP[2]）に従ってグローバルに会計処理を行っている企業で，特に問題になります。

　この問題の背景は，財務報告における重大な不正事件（エンロン事件やワールドコム事件等）を経て，2002年に施行された，いわゆるサーベインス・オックスレイ法（SOX法）に遡ります。米国会計基準に関する専門的な内容を検討するのが目的ではありませんので，詳細は説明しませんが，このSOX法が求めるフィナンシャル・インテグリティ（財務報告の適正性・廉潔性）に関して，極端といえるほど保守的な方針や態度を取っている企業が少なからず見受けられるのです。

　その一例として，債務または損失の引当て処理があります。米国内の市場に上場し，米国会計基準に拠って会計処理をしている企業では，四半期ごとに，財務報告の正確性についての確認を本社のみならずすべての海外子会社で行いますが，その際に財務責任者（CFO）や経理責任者（Controller）が決算の締めまでに（その直後までも）しつこくチェックするのは，当期における財務報告に誤りや計上漏れがないか，ということだけでなく，当期において予想しうる次期以降の特別な事情についても，その有無や内容について確認します。その重要な例として，（偶発）債務または損失の引当て計上があるのですが，それらの引当てについては極めて保守的に，悲観的に判断される傾向があります。

1　【4−2　根回し】96頁参照。
2　多くは「ユーエスギャップ」と読みます。日本の場合はJGAAP「ジェイギャップ」。

たとえば，紛争において相手方に和解条件を提示した場合には（訴訟の手続でなくても），その内容（の債務）を負担する意思が顕在化したとして引当てが求められることがあります。さらには，そのような意思が社内にとどまるとしても，法務部門が自社の債務や責任に関する法的見解をある程度確定的に示しただけで，その限度での引当てが必要と，会計部門によって判断されることがあります。これほどまでの保守的なアプローチは，日本の会計基準に拠っている企業では採用されていないでしょう。

このような保守的な会計処理のあり方を前提とすると，当該債務や損失の引当てにより損益に影響を被る部門の意向を全く無視して，当社に法的債務または責任ありとの法的見解を安易に表明してしまうことは，タイミングとコンセンサスの両面から大きな社内問題となりうるのです。もちろん，売上や費用，債務，損失などの計上のタイミングを意図的にコントロールすることは許されませんが，影響を受ける社内各関係部門のコンセンサスを全く無視するわけにもいきません。かかる事態に対応できず，混乱をきたしてしまうのです。

したがって，自社の法的責任の有無やその内容，程度などについて法的な見解を示す前提として，そのリスクの排除や軽減（mitigate）の可能性や方法が本当にないのか否かという検討と同時に，当該潜在的リスクにより財務的影響を受ける部門（さらに，会社全体に対する影響が大きい場合には，CEOやCFOが含まれるべき場合もあります）の意見や対応可能性も十分に検討する（要するに社内コンセンサスを形成する）ことが求められる場合があるのです。

3 おわりに

法務部門の見解を示すにも，社内の体制が整っていなければなりません。まだの場合には，"We don't know yet."と回答すべき場合があるのです。

N法務部長は，「狸になれ」「聞いてないフリをしろ」「法務部員としての仕事をしなくて良い」と指示した訳ではなく，むしろ反対に，「社内のコンセンサス作りまでちゃんとするように」ということを伝えたかったのです。

第3章　防衛力アップ

3-4　メールで確認

> **用語解説**
>
> 聞いたことや言ったことに確信を持てない英語での会議や打合せの後に，自分が理解したことをメールにし，相手に確認してもらうという方法。合意だけで走り出してしまうことが多い外国人たちは，最初はメールや議事録の確認を意外に受け止めるが，上手に使えば彼らもその有効性を認めてくれる。

事　例

夕食会でジェネラルカウンセルに気に入られ，盛り上がった法務部員Aは，英語を話すことに少し自信がついてきた。そこで，プレゼンテーションのときには詳しく話さなかった自分の問題意識を，大胆にもジェネラルカウンセルに話した。驚いたことに，ジェネラルカウンセルもこれを大いに気に入ってくれた。今後の運営にも役立つ提案なのでレポートにしてくれ，と言われたようだが，最後はよく分からなかった。

▶ 対応例

翌日Aから話を聞いた法務部長は，英語が通じたと無邪気に喜んでいるAに対して，それは業務指示だ，本当にレポートを楽しみに待っているぞ，本当に作らないとヤバいぞ，と脅かしました。けれども，具体的な締切や分量，社外弁護士による検証の必要性など，そのイメージがつかめません。最後の方の英語がよく聞き取れなかったからです。

▶ 分　析

昔の映画ですが，ダイ・ハード2で，事件に巻き込まれた飛行場の管制官たちが集まり，対策を協議しているシーンがあります。雪の飛行場です。状況の認識と具体的な対策がテンポよく話し合われ，リーダーが的確な指示をそれぞ

れに与えます。緊迫感がありますが，なかなか良い会議です。そして最後に，リーダーの「Move!」の一言で，一斉に管制官たちが活動し始めます。

　きっと，外国人の会議のイメージは，こんな会議なんだと思います。

　そこでは，細かいことを確認したり，議事録をどうしましょう等と，まどろっこしいことを言う人はいません。必要であれば，そんなものは最初から録音しているか，目の前のトラブルを解決した後に作成すれば良いのです。

　ですから，会議や打合せの後にメールで確認と言うと，こいつはトロい奴ではないかとか，分からないことがあればなぜ会議中に言わない，と受け止められてしまいます。後でメモで確認するには注意が必要なのです。

　けれども，英語でサバイバルするためには，注意しつつもやはり，大事なことはメモや議事録で確認します。検討しましょう。

1　議事録にしない

　上記のとおり，トロい奴と思われるわけにはいきません。

　多くの外国人には，第一印象でその人の能力や人柄を見切ってしまう（見切ったと勘違いする）傾向があるからです。この点は，特にスピードを重視する雰囲気のある会社の場合，顕著になります。

　もちろん，たとえば会議体で意思決定がされた場合には，彼らも証拠が大事とわかっていますので，議事録を作ることを当然と受け止めます。ボスが決定して指示を出す場面とは異なり，会議の決定が機関決定ですから，その決定に皆が拘束されるのです。特にそれが利害対立のある問題についての会議であれば，発言内容や誰が反対したか，などが問題になり，もっと大変になります。

　ですから，このような場合にはむしろ進んで議事録作成を名乗り出て，喜んでもらいましょう。ここのところが分からなかったんだが，と問いかければ，会議の参加者がいろいろと助けてくれます。

　けれども，問題はここからです。

　この事例のようにボスが一方的に指示するだけの場面では，事情が異なります。というのも，指示を理解できないのはお前が悪い，分からないならなぜその時に聞かないのか，忘れそうならなぜその時にメモしないのか，と言えるからです。特にアメリカの会社のように解雇が自由な会社では，ボスは部下の解

雇権を有しています。ボスの指示は絶対ですから，ボスの指示を理解できませんでした，聞き取れませんでした，ということを後から言うことは，ボスに従う意思や能力がないと受け取られかねません[1]。とても危険なことなのです。

また，ボスの質問を，一緒にボスの話を聞いていた人に質問したとしても，その人が教えてくれる保証はありません。トロい奴の仲間と思われたくないのでしょうか。告げ口される危険もあります。映画やドラマでも見かける話ですね。むしろそのような同僚同士の駆け引きは，日本よりも露骨です。自分の利害が絡まなければとても大らかで包容力があっても，自分を犠牲にしてまで他人を助けてあげようというお人好しは多くないのです。

このように，ボスの指示やそれに近い状況では，「あれは何だっけ」と無防備に質問することは，とぼけて嘘を言われたり意地悪されたりするなど，意外と危険なのです。

2　報告書にする

けれども，与えられた指示を曖昧なままにしておく方が，もっと危険です。仕事にならないからです。進むも地獄引くも地獄，前門の虎後門の狼，ですがやはり，指示の内容を確認するしかありません。

そこで，聞き方を工夫します。それは，報告書にしてしまうのです。

具体的には，実際に検討を始めてみた。こんな文献に当たってみた。すると，こんな問題に気づいた。最初の指示通りで良いのか判断できないので，改めて指示をくれ。このような内容にするのです。

この方法のメリットを分析しておきましょう。

第1は，直ぐに動いたことをアピールできる点です。指示に対してすぐ対応されることが，ボスにとって嬉しいことであり，自分にとって好印象高評価につながることは，言うまでもないことです。

第2は，問題点を示したことで，意識や分析能力の高さをアピールできる点です。指示を鵜呑みにするわけではなく，もちろん反抗するわけでもなく，ボスの理解と指示をより好ましいものに高めていくことに協力してくれる部下は，

1　【1-3　Report（ing）Line①】10頁参照。

ボスにとってとても頼もしいだけでなく，自分にとっても，曖昧な指示をそのままにして後でトラブルになるのを防いだり，無理難題を実現可能な指示に訂正したりできます。

第3は，日本語でいう「報連相」です。これは，「報告・連絡・相談」の略ですが，英語では「ノーサプライズ」[2]に該当します。後で「聞いてないよ」とびっくりさせることのないよう，ボスにとって重要な情報は小まめに伝えておくのです。"Well informed" な状態にしておく，という言い方もできますが，適切にこちらの状況を把握しておいてもらうことで，ボスが安心して任せてくれ，余計な介入や細々とした質問・指示を減らすことができるのです。

ただし，注意が必要です。

あまりにも細かいことまで報告したり指示を仰いだりすると，かえって「任せられない」という評価になってしまうのです。ですから，報告する形を繕う場合には，それなりに重要なことに気づき，判断を求めた，ということが大事です。それができないなら，ボスの指示を理解していなかったのだということがボスにもばれますから，正直に質問すべきでしょう。

第4は，ボスに指示を求めている点です。これは，誰がボスなのかを認識していることを意味しますので，ボスも安心しますし，自分にとっても明確な指示を記録に残せ，言質が取れるのです。

3　おわりに

日本の会社の中では，ここまで緊張した状況を意識する必要はないかもしれません。

けれども，実際に少し作業してみて，その経過を報告することは，実際の業務をやってみて検証することになります。やってみて気づくいろいろなことを早い段階で上司と共有し，より良いものを求めていくことは，日本の会社の中でも評価されることです。

報告書を，英語の弱点を克服するツールとしてだけでなく，日常業務の中におけるツールとしても，活用してください。

---

2 【2-28　頭出し（ノーサプライズ）】(『法務の技法』145頁) 参照。

第3章　防衛力アップ

3−5　沈黙は危険なり

用語解説

発言する機会に沈黙を守ることは，決して「金」ではなく，むしろ「危険」である，という経験則。積極的な発言が原因で「出る杭は打たれる」ことを恐れるよりも，沈黙した場合の危険を恐れるべきである。

事例　本社から営業の役員が来日し，新しいビジネスモデルを検討する会議が招集された。以前から日本子会社内で検討されてきた案件で，いくつかの論点が整理されたことから，いよいよ決断することが目的だった。ところが，すでに整理された論点を，営業担当役員がさも新しいアイディアのように提案し，蒸し返し始めた。

▶ 対応例

会議には法務部員Aと法務部長Xも参加していました。

営業担当役員が問題を蒸し返していると気付いたXは，「ちょっと待ってください。その話はすでに結論が出ていたのではないですか？　A君，君はずっと会議に出ていたけど，どうかな？」

ところが緊張したAは，小声で「あ，後で議事録を確認させてください」と言うのが精いっぱいでした。

▶ 分析

Aにはかわいそうですが，確認は後回しで良いので，この問題がすでに整理されたものであることを明確にするべきでした。わざととぼけるという高等戦術もあり得ますが，ここではそのような難易度の高い離れ業のお話ではなく，もっと基本のお話です。

特に，外資系の会社では，沈黙することはチャンスを逃すことになるだけで

なく，危険であることを確認しておきましょう。

1　同意とみなされる危険

危険の1つ目は，言うまでもなく，「同意」とみなされる危険です。

会議の場で反論や意見を述べておかなければ，機会があったのに今さらそのような発言は許されない，として「同意」とみなされてしまうのです。

その意味でも，日本の営業担当役員の掟破りは明確ですが，その掟破りをその場で指摘しなければ，今度はこっちまで蒸し返しに協力したと言われてしまいます。あるいは，Aがこの機会に日本の営業担当役員の掟破りを明確に指摘しておかなければ，日本の営業担当役員の掟破りも許されてしまい，後で問題にすることができなくなるのです。

2　無能とみなされる危険

危険の2つ目は，「無能」とみなされる危険です。

会議の場で反論や意見を述べておかなければ，皆で知恵を出し合う場で何も貢献がなかった，として「無能」とみなされてしまうのです。

この事例では，せっかくこれまで会議に参加してきたのに，その様子をすぐに報告できないほど「無能」であると評価される危険があります。議事録で確認するという慎重さよりも会議への貢献が評価されますから，その場で覚えていることを少しでも報告すべきだったのです。

そして，せっかくの慎重さが無能さの証拠と誤解を与え続けていると，頼り甲斐のない奴と評価され，重要な仕事を任せてもらえなくなってしまいます。

3　傍観者とみなされる危険

危険の3つ目は，「傍観者」とみなされる危険です。

会議の場で反論や意見を述べておかなければ，会議に参加する意欲がなく，情熱を共有していない，皆の熱意に水をかける「傍観者」である，とみなされてしまうのです。

この事例では，わざわざ外国から日本にやってきて会議を招集し，何か成果を上げようとしている本社の役員から見ると，議事録を確認して後に報告する

という発言は，この会議で結論が出ないことを意味します。張り切っている本社の営業担当役員に対し，来日した意味がなくなるようなことを言っているのですから，Aの発言は営業担当役員を怒らせてしまいます。

Aの発言の最も危険なのは，この点でした。

外資系企業だけでなくワンマン会社も同じですが，トップがやる気満々であるときに水を差すような態度は，確実に怒りを買います。

ではどうするべきかと言うと，堂々と反論するのです。外資系企業の場合，もちろん偏屈な会社もありますが，議論をすることについては，むしろ積極的に評価してくれます。歯向かっている，という評価ではなく，仲間として自分の意見を積極的に主張し，より良い結論に貢献した，と建前でなく本気で評価してくれる傾向があるのです。

ですから，Aとしては，会議の場で議論が整理された様子を報告するだけでなく，さらに，それをここで蒸し返すことがいかに不合理であるのかについても意見すべきでした。後で日本の営業担当役員ににらまれることが気になりますが，そこは法務部長Xに助けてもらいましょう。

4　対応のポイント

このように，積極的な発言や関与を評価する傾向があるため，外資系企業では外国本社の受けが良い発言や行動ばかりをする人が目につきます。特に日本子会社で嫌われるのは，日本子会社での業務の詳細を十分知らないくせに，本社側の思い付きによる無責任なアイディアに媚を売り，日本子会社に難しい対応を約束してしまう人です。英語だけができて仕事ができない，と揶揄されるタイプの人です。

けれども，考えてみれば日本でも上を向いている人と下を理解している人がいます。虎の威を借る狐は，どの組織にもいるものです。

これが外資系企業の場合，そこに英語でのコミュニケーション能力の差の問題が加わるため，上を向いている人と下を理解している人の違いが際立ってしまいます。自分だけ外国人と親しげに話をし，頻繁に本社に出張し，たまに来日する本社のお偉さん方を自慢げにエスコートし，現場を知らないくせに本社の指示だからと無理難題を押し付けることによって，「嫌味」な印象が増幅さ

れるのです。しかも，日本の会社以上にリーダーの権限が明確であり，かつ強大ですから，外資系企業では，本社とパイプを持っていることで目に見える違いが出てきます。

このように，外資系企業では，上を向いている人は日本の会社の場合より一層目立つ存在なのです。

他方で，会議の場での想定外の発言や展開について，外資系企業の方が柔軟に受け入れる雰囲気があります。「何を馬鹿なことを言っているんだ」という雰囲気が，一般的に日本の会社の場合には出てきやすいように感じますが，外資系企業の場合，たとえ基本的な質問であっても馬鹿にせず相手をしてくれる傾向があります。聞く耳を持っているのです。

そこで，陰でこそこそやるよりも，何かあれば会議の場で堂々と議論すれば良いのです。もちろん，事前の根回しが有効なのですが[1]，本事例のように思いがけない展開のあった場面では，スピードを殺して安全を図るよりも，しっかりと自分の記憶や意見を述べることが大事なのです。

5　おわりに

沈黙は「金」ではなく「危険」です。

沈黙することで日本人社員の共感を集め，次の行動の足場ができるのであれば，その場合の沈黙は「金」ですが，発言の機会を逃すことの危険を考えれば，そのような「金」の場面は限られてきます。

けれども，最近の日本の会社でも人事考課の際に，上司の一方的な考課だけでなく，人事考課される側の一次考課があったうえで上司が考課するという制度が広く導入されています。こうなると，自らの実績をアピールすることが，日本の会社の中でもそれほど恥ずかしいことではなくなってきました。

この点で，外資系企業と日本の会社の違いは相対化し始めているのです。

1　【4-2　根回し】96頁参照。

第4章

行動力アップ

4-1　Hard Positionを取る

用語解説

　取引の相手方との紛争対応に際し、自社の責任を認めず交渉する方針を、しかも理詰めで貫くよう指示される場合があり、そのようなスタンスでの交渉を「Hard Positionを取る」と言う。この場合、話し合いをまとめるためには、相手方だけでなく本社も説得しなければならない。

事例　法務部員Sは、ある顧客とのプロジェクトでのトラブル解決のサポートにあたることになった。法的には問題があるものの、日本側は、こちら側の責任を認める形で円満に解決して今後の取引を確保し、挽回につなげたいと考えている。

▶ 対応例

　その顧客は日本法人にとり長年の優良顧客でした。プロジェクト遂行のその顧客側の協力、指示等に不十分・不適切な点が少なからずあったのですが、日本子会社の経営側は、長年の優良顧客を失うことを強く恐れていたのです。

　これに対して本社側は、法務や財務だけでなく事業部門も含めて一様に「非は顧客側にある。契約に照らしてもこちらが責任を負うべきいわれはない」として、日本側が考えている責任の10分の1以下での解決しか認めようとしません。日本側は、Sに何とか本社を説得するよう強く要求してきました。

　両者の大きな隔たりに驚き、「とてもそのような条件では解決できないだろう」と感じたSは、法務部長Nに相談しました。

　NはSにアドバイスをする代わりに、次のような質問をしました。

　「本件プロジェクトがトラブルとなった原因はどこにあるのか？当社側のミスと、顧客側のミス、それぞれどこにあるのか？両者間のコミュニケーションに問題はないのか？口頭や電子メールでの連絡などを含め、当社と顧客との間

4−1 Hard Positionを取る

の一連のやり取りはどのようなものだったのか？契約の条件はどうなっているのか？当社の責任に関してどのように規定されているのか？」

Sは，「なんだか本社と同じようなことを聞いてくるな」と思いつつ，上記についてできる限り客観的な調査と分析をしてNに報告しました。その結果を踏まえると，本社が要求する解決条件は，実現が難しいもののあながち不合理すぎるわけではなく，日本側が譲歩しすぎている気もしないでもないな，と考えるようになってきました。

満足そうにSの報告を聞いたNは，今後の展開について説明を始めました。

「本社側も，こちらの提案の10分の1で解決できるなんて思っていないよ。でも，日本側が事実関係や契約条件を十分吟味しないうちからあまりにも譲歩し過ぎているのを問題だと感じて，あえてHard Positionを示したんだろう」

「ところで，本社側の考える落としどころはどうやったら分かる？」

Sにとっては，この質問の方がはるかに難しく感じられました。現在の要求が本心ではなく，他に落としどころがあるのだろうか，それはどのような条件なのだろうか。さすがにSには見当がつきませんでした。足して2で割るという安易な条件ではない，といった程度のことはSにも予想できましたが。

答えられないSに対して，諦めたNは具体的な指示を与えました。

「事業部の当四半期の収益予想と，今回のトラブルのマイナスインパクトの上限，つまり前期比や前年同期比をマイナスにしない限度や今期損失を出さない限度を調べてきなさい」

「財務上，成長がマイナスにならないための上限，事実関係と契約条件の分析から算定される当社側の責任の程度，当初日本サイドが提案している責任，この3つの数字とを比較検討するんだ。これで落としどころが分かる」

「さあ，今期末まであと20日間しかない。急いで事業部門や財務と一緒に本社側の腹を探り，了解を取り付けるんだ。先方との折衝も必要だからな」

▶ 分 析

外資系企業で紛争が生じた場合，日本子会社には「交渉相手が2人いる」と言われます。1人は相手方でもう1人は本社です。

この難しい状況を打破する「秘策」を検討してみましょう。

第4章　行動力アップ

1　スタイルの違い

まず，日本と欧米のスタイルの違いを確認します。

日本には「お詫び」の文化があり，また「日本人は農耕民族，欧米人は狩猟民族」と形容されます。農耕作業は地道な共同作業であり，そのために良好な共同体を維持しなければならないことが，まずは謝罪する，というスタイルを作ったのでしょう。お詫びしている相手方を嵩にかかって非難することはできない，という閉鎖社会のしがらみを利用しよう，ということかもしれません。

このように，「損して得とれ」「謝るだけならタダ」と言われるように，トラブルが発生した場合でも，日本人は一般的に正当性や言い訳を強く主張しません。相手がお客様であればなおさらです。相手方を論破することなど，関係を壊す危険な行為であって，もってのほかなのです。

これに対して，特に欧米諸国で詫びることは「自己の非や責任を認める」ことであり，詫びることで非難や責任追及がより重くなることが多くあります。このことから，まずは「自分は悪くない」「たとえ悪くても責任は契約条件以上は負わない」と主張する必要があります。すなわちHard Position（強気の姿勢）を示すことから交渉を始めるのです。

けれども両者の違いは，実はそれほど大きくありません。

日本でまずお詫びするのは，その方が交渉を有利に進められる（少なくとも悪化は回避できる）からです。また，欧米でまずHard Positonを示すのも，その方が有効だからです。文化や考え方，社会の仕組みなどに合わせた交渉スタイルを取っているという点では，むしろ同じなのです。

2　妥協のプロセス（本社の説得）

しかも，欧米の交渉でも絶対に妥協しないわけではありません。最初にHardに出た手前妥協しにくくなっているだけで，「様々な要素」を考慮しながら，心の中では違った「落としどころ」をもっていることが多いのです。

したがって，その「落としどころ」を見抜けば，相手に妥協させることが可能になります。すなわち，相手が重視している「様々な要素」を見抜き，相手の思考方法に沿って説得するのです。

これを本問に当てはめてみましょう。

日本側は，「自分達の方が悪い，余り突っ張るとこのお客様だけでなくビジネス社会の中で評判を落とす」と一生懸命説明しますが，本社側がなかなか乗ってこないのは，このようなことは本社側の判断や意思決定に影響を与えた「様々な要素」ではない（重要度が低い）からなのです。

　ですから，このような議論に固執するべきではありません。会社にとって何が重要なのか分かっていない，会社のことを考えていない，と本社側を激怒させかねないのです。

　むしろ，本社側の立場に立って考えてみましょう。

　特にアメリカの会社の場合，四半期ごとの業績にとても敏感です。株価や自身の評価が敏感に影響を受けるからです。

　そこで，この四半期ごとの業績と本件事案の解決を結びつけるのです。

　たとえば，次期の業績が不透明な場合，トラブルに伴う責任を次期に持ち越したくないはずです。他方，残り20日で当期が終わりますから，当期の損益にどの程度余裕があるか，すなわち前年同期比で成長が止まっていると評価されないためには，最低限どの程度の収益を上げておけばいいのか，がかなり明確に見えています。

　このように，当期の業績だけでなく次期の見通しや事件の見通しを総合的に分析すれば，本社側が受け入れることのできる「落としどころ」が見えてきます。もし本社側が，今期の決算の締めまでには妥結したいと思えば，最後にストンと妥協してくることもあり得るのです。

3　おわりに

　日本的交渉が，まず謝って徐々に状況（解決のための条件）を改善していく「せり上がり」方式であるのに対して，欧米式交渉は，まずHard Positionをバーンと示し，できる限りそれを維持しながら最後にストンと落としてくる「急降下」「急転直下」方式です。

　どこまで本社側を落とさせるかを，いかに早く，かつ冷静に見極めて交渉や説得に臨むことが重要です。

第4章　行動力アップ

4-2　根回し

用語解説

正式な議論が始まり，意思決定がされる前に，議論や意思決定について影響力のある者に対して自らの意見を伝え，議論や意思決定を促す行動。日本独特の悪いイメージが伴う言葉だが，日本独特のものではなく，適切な情報提供や意見交換であればリスクコントロールに役立つ。

事例

本社ジェネラルカウンセルとの定例会議で，本社経営陣が日本を含む各国で導入を検討しているビジネスプランが説明され，日本法上のリスクについて質問された法務部長は，業法の規制に違反する可能性が高く，少なくともそのまま導入できない，社外弁護士と検討するために詳細を教えてほしいが，本社でも根回ししておいてほしい，と回答した。

▶ **対応例**

ジェネラルカウンセルは，当初，日本での導入に否定的な法務部長の意見に対し，何とか導入できないのか質問を繰り返しましたが，法務部長の理路整然とした説明から納得した様子でした。

できるだけ小さい修正で導入できるように検討することを法務部長に指示するとともに，本社経営陣には，プランが具体化してしまってプレッシャーがきつくなる前に，すぐにでも説明して回ること，すなわち「根回し」することを約束しました。

そのうえで法務部長に対し，日本の経営陣に対しても，今度こんなプランが下りてくるが，法的な問題があるため本社ジェネラルカウンセルと一緒に対応を検討している，日本側で現実的な修正案を検討する必要が出てくると思うので，本社からのプランをそのまま簡単に承諾しないように，と日本側でも「根

回し」するように指示しました。

本社側と日本社側の双方で連携して，根回しを始めることにしたのです。

▶ 分　析

ときに，「日本は，欧米と異なる『根回し』文化です」と説明する人がいますが，これは自虐的かつ自意識過剰で相手に不快感を与えるだけでなく，明らかに実態に反します[1]。

日本もそうですが，欧米でも根回しが重要なのです。むしろ，日本以上に重要ですので，根回し，すなわち情報収集や対応を怠ると大失敗します。

そこで，「根回し」の背景や対応方法を具体的にイメージしておきましょう。

1　背　景

では，なぜ欧米でも「根回し」が重要なのでしょうか。おそらくその最大の理由は，トップの有する権限でしょう。

すなわち，欧米の会社では，まずはトップにすべての権限が与えられ，それが少しずつ下部に移譲されたり，株主総会などからチェックを受けたり，という形で制限されていきます。強大な権限を与える代わりに責任も重い（結果が出なければ簡単に解雇する）という文化ですので，だからこそチェック体制やガバナンス体制が重要になります。

他方，日本の会社では，誰かにいきなり強大な権限を託すよりも，会社を良く知る従業員の競争の中からリーダーが選ばれますので，その過程から牽制が効いており，強大な権限が集中しないような体制や運用になっています。集団的であるが故のチェック体制も必要ですが，集団的であるために権限が集中しておらず，ガバナンスの重要性が小さくなります。

このような，元々トップが持っている権限や責任の差が，会社組織や手続の形態に違いをもたらしています。

すなわち，トップの権限が強大な組織では，組織間の役割分担やプロセスは

1　【4−5　契約書至上主義】108頁参照。しかも，現在の国際社会では日本よりも異質に感じる国が多く，かつてほど日本異質論の説得力がなくなっています。

あまり重視されず，基本原則が定められるだけです。トップが気に入れば冒険しますが，トップが気に入らなければ梃子でも動きません。つまり，トップの顔色を窺うべき環境にあり，トップが気に入れば天国，トップが気に入らなければ地獄になるのです。

ところが，合議的な体制では，もちろん政治的な駆け引きはありますが，それは各部門の役割分担を前提にした駆け引きであり，トップが気に入れば何でもできる，というようなものではありません。予定調和的な，少なくとも外形上は誰も傷つかない妥協点が想定されるのです。

ではなぜ，トップの権限が強大な組織でも根回しが必要なのでしょうか。

それは，トップが一度決めてしまうと変更が利かないからです。トップが決断した後の異議は命令不服従であり，簡単にクビにされかねないのです。だからこそ，トップが何を気にしているのかを早い段階で把握し，方向が決まってしまう前に意見を言わなければなりません。トップの腹を探り合い，抜け駆けも辞さない根回しをするのです。このように，トップの権限の大きさが，生死を賭けた根回しを要求するのです。

もちろん，フェアな会社であればここまで過酷な根回しは不要です。また，そのほかの事情も，欧米の会社での根回しの重要性に関わっています。上記のようなトップの権限だけでなく，組織的な意識よりも個人的な意識が強い点や，組織設計の柔軟性が高い点など，トップ以外にも個人の権限と責任が大きいことが，重要な要素のように思われます。

2　本社の根回し，日本の根回し

次に，具体的に根回しを考えます。まず，本社側の根回しです。これまで検討した通り，日本以上に根回しが重要なのは本社ですので，本社の根回しは抜かりなく手を打ちます。

けれども，ただでさえ不自由な英語で，しかもどのような政治的な駆け引きがなされているのかすべてを計り知れない日本人が，その政治的な場に無防備に足を踏み入れるべきではありません。高速道路を横断するようなものです。

むしろ，この事例のように本社のジェネラルカウンセルに対応を委ねましょう[2]。本社のジェネラルカウンセルは，同じ法律家としてこちらの問題意識を理

解してくれ，本社での政治的な駆け引きにも普段から関わっているのです。

次に，日本での根回しです。本社で根回しすれば日本での根回しは不要になる，ということではなく，日本でも根回しが必要です。

それは，本社から何らかの指示が下りてきたときに，日本としての考え方がある程度定まっているべきだからです。これは，何も本社に反乱を起こすための口裏合わせという意味ではありません。

けれども，本社で検討されていることが日本にどのように影響するのかをあらかじめ理解しているのとそうでないのとでは，対応の仕方やスピード感がまるで異なってきます。また，一部の部門が十分な検討もせずに本社からの指示を安請け合いしてしまうと，軌道修正が難しくなり，責任問題に発展しかねません。そのまま受け入れるにしろ，一部修正して受け入れるにしろ，断るにしろ，事前に関係部門で集まって検討しておくべきなのです。

意思決定にかかわる根回しと，それを受け止める側の根回しなので，両者は質的に異なるようにも見えますが，トップダウンの傾向が強い外資系の会社であっても現場の意見は全く聞かない，というわけではないでしょうから，両者の違いは相対的に過ぎません。

3　おわりに

根回しは日本独特のものである，欧米では議論で物事が決まる，指示が下りてきたときに，問題があれば正々堂々と議論すれば良い，というのは一部正しく，一部誤りです。正々堂々と議論をするという発想は良いのですが，時期やタイミングを誤ると失敗します。たとえば外国本社内での議論の状況を聞かされているのに，いずれ正式に照会があるだろうと傍観してしまい，「反論の機会があったのに何も言わなかった」と，無理を押し付けられかねません[3]。

繰り返しになりますが，決定した後の議論は職務命令違反と言われかねないのですから，外資系企業の方が日本企業の場合以上に根回しが重要であると肝に銘じておきましょう。

2　【4−3　外国人の説得】100頁参照。
3　【3−5　沈黙は危険なり】86頁参照。

4－3　外国人の説得

用語解説

外国人を説得するには，明確なロジックがポイント。早々に妥協点を探すのではなく，まずは議論を尽くすことが大事。また，法律家同士，同じ感性を共有する本社ジェネラルカウンセルなどに本社の説得を任せるべきであって，感性の異なる本社の営業や経営を自ら説得しようと力まないことが大事。

事例

法務部員Bが，営業担当者の相談に応じていたところ，営業担当者から，そうは言っても，これは本社からの指示だし，今年の営業目標達成にとって肝だと思っている様子だから，日本内部での調整の問題ではない，もしお願いできるなら，本社の営業担当役員に日本法のリスクを説明して，説得してくれないか，と依頼された。

▶ 対応例

持ち帰ったBは，法務部長と相談しました。

法務部長は，本社が納得しなければ何をやっても無駄かもしれない，という営業担当者の意見について，その通りだろう，と理解を示しました。

Bは，法務部長が，日本語的なアクセントを恥じることなく堂々と外国人とやり合っているのを何度も見てきたことから，法務部長自ら説得役を買って出ることを期待していました。法務部長には，本社の営業にも親しい友人がたくさんいるので，本社の営業の説得に適任と思われたからです。

ところが，法務部長は，本社のジェネラルカウンセルに相談することだけ決めて，さっさと打合せを切り上げてしまいました。

▶ 分析

本社側を説得する場面で，どの会社でも通用する万能の答えはありません。

日本子会社を全く信用していない会社もあれば，比較的広い範囲で任せてくれている会社もあるからです。

それでも，説得しなければならない場面は，会社の中であれば，しかも自分の役割や立場が上がれば上がるほど，必ず出てきます。ポイントを分析して，自分が対応すべき場合に備え，イメージトレーニングをしておきましょう。

1　感性よりもロジック

まず大切なポイントは，感覚的に訴えるだけにとどまらず，しっかりとしたロジックを準備することです。

これは，上司が外国人か日本人かで質的に異なる問題ではありません。

というのも，我々が報告すべき上司には，その上司自身の判断について説明責任を負っている上司やステークホルダーがいるからです。すなわち，感覚的な理解だけでは，さらにその上司やステークホルダーを説得できません。我々の上司が，さらにその上司やステークホルダーを説得するための材料を提供しなければ，我々の上司は難しい決断をできないのです[1]。

特に重大な案件の場合，日本子会社の全員が分かりきっていると思われることまで，多額のコンサルタント料を支払って著名なコンサルタントを雇い，検証してもらうのは，このような上司の説明責任の問題があるからです。

このように，程度の違いはあるでしょうが，本社側を説得する場合にはしっかりとしたロジックが必要なのです。

2　本社ジェネラルカウンセルに任せる

さて，ロジックを確認したうえで，具体的にどのように本社側を説得するのでしょうか。方法論です。

その中で，もっとも適切なのは，本社のジェネラルカウンセルに任せることです。この設問で，法務部長が選択した方法でもあります。

本社側の意思決定過程は，特に人脈と根回しで決定され，正式な委員会や役

1　【3−3　説明責任】（『法務の技法』168頁），【5−4　こぶしの下ろしどころ】（『法務の技法』229頁）参照。

員会の決定すらなされるかどうかわからない，機動的な本社の場合[2]，日本側からなかなか理解できません。迂闊に社内政治の難しい部分にかかわってしまうと，火傷を負ったり地雷を踏んだりする危険すらあります。

けれども，本社のジェネラルカウンセルは，会社内の政治的な動きにも配慮して，法的なリスクをコントロールすべき立場にあり，状況を読んだり，適切な手を打ったりすることに慣れているはずです。

しかも，同じ法律家として，共通の価値観や感性を持っています。英語で多少手間取っても，法律家として理解してくれることがたくさんあります。実際，多少表現が難しいことでも，会話の流れから問題点を察してくれ，「つまり，こういうリスクを懸念しているのだな？」と助け舟を出してもらえたことが，たくさんあります。このようなときほど，同じ弁護士同士で良かった，と感謝せずにいられません。

そのような，便利なチャネルがあるのに，それを活用せずに自ら説得に乗り出すべき場合は，特に海外の一拠点の法務である限り，現実的にはまずありません。

なお，この際，日本の営業や経営のラインからも本社を説得すべきかどうかは，状況に応じて決まります。根回しの問題です[3]。

3　本社ジェネラルカウンセルの説得

とは言っても，本社のジェネラルカウンセルが常に自分の話をそのまま納得してくれるとは限りません。

むしろ，法的・コンプライアンス的に問題がないはずだ，と逆にこちらを説得してくる場合すらあるでしょう。本社自らが取り組むプロジェクトの場合など，本社側が積極的な場合には，すでに日本の法律上の問題点を検証した意見書を用意している場合すらあります。後者の場合は，難しい政治的な配慮の必要な状況ですので，別の節で検討しましょう[4]。

法律家同士ですのでなおさらですが，ここでも理屈が大切です。

2　【4－2　根回し】96頁参照。
3　前記注1参照。
4　【2－6　本社が雇った法律事務所】56頁参照。

この場合，最初から妥協点を探すのではなく，議論が尽くすまで理屈を述べることが重要です[5]。日本人の中には，基本的な立場の違いを確認すれば，直ぐに妥協点探しを始めてしまう人がいます。けれども，外国人には議論を避けているようにしか理解されません。理屈が弱いから逃げているに違いない，と判断され，今より一層説得に手間取ることになります。

むしろ，議論を尽くすべきです。特に，馴染みの薄い外国の法律やルール，ビジネスに関する議論です。幸い，同じ法律家同士，同じロジックが通用しますので，むしろ積極的にロジックを展開しましょう。

4 おわりに

説得する際，まずはロジックが大事です。それに加えて，置かれた状況も考えましょう。誰に説得してもらえばいいのか，など政治的な手法も考え，自分だけで説得しなければならない，などと思い詰めないことが大事です。

次に，普段からの信頼も大切です。そのためにも，日ごろから適切に報告しておくことが重要です[6]。何でもかんでも報告していると，頼りなく思われますし，報告が不十分だと，信頼されなくなりますので，報告には程度とタイミングが大切です。

さらに，特に上司が本社側のジェネラルカウンセルの場合を考えてみれば分かりますが，上司の立場を考慮すれば，自分が日本法人や日本法人のマネージメントの利益で動いているのではなく，本社や本社法務の利益を理解して行動していることを常日頃から示すことが重要です。日本のマネージメントに対する関係では，二股をかけることになるか[7]，二重スパイになってしまいますが，外資系企業の場合には仕方ありません。本社側の社内政治に首を突っ込まないように話しましたが，日本子会社内では，できるだけ敏感になりましょう。会社のためにベストを尽くすうえでの社内政治は悪いことではないのです。

外国人の説得は，このように，「法務の技法」の総力戦なのです。

---

5 【4−1 Hard Positionを取る】92頁参照。
6 【6−9 Openということ】184頁，【2−28 頭出し（ノーサプライズ）】（『法務の技法』145頁）参照。
7 【1−4 Report（ing）Line②】14頁参照。

4-4 謝罪文

用語解説

日本では，苦情対応やトラブル対応で，まずは謝罪文を出してから話し合いを始めるなど，謝罪文を比較的柔軟に出すが，外資系企業の日本子会社が謝罪文を出すことは容易でない。本社側をいかに説得するかがポイント。

事例 法務部員Fは，自社の製品とサービスを原因とするトラブルの解決に当たっていた営業部員Rから，「当社が今回のトラブルに関して非を認めて謝罪する書簡を出せば，顧客先の部長が経営を説得して穏便に収めてくれるそうなので，上手な謝罪文を作ってほしい」との依頼を受けた。

▶ 対応例

Fとしても，謝罪文を出すことで問題が速く，しかも自社に良いかたちで解決するのであれば悪くないと考え，本件トラブルに関して本社と対応を協議している法務部長Nにそのことを報告しました。

ところが，NはFに対し，「軽々に謝罪文を作成することは許さない」と指示し，FがRの依頼に応じることを制限しました。

顧客側責任者が問題の悪化を回避して，むしろ自社にとって悪くない方向に運んでくれようとしているのに，なぜそのために有効と思われる謝罪文の提出を制止するのか，FにはNの意図が理解できませんでした。

そこでNはFに対し，以下のような説明をしました。

「私も君やRと同様に，顧客側責任者の配慮には感謝しているし，当社から謝罪文を出せばその責任者が対応して問題をうまく収めてくれるだろうとは思うよ。純粋な日本企業間の問題解決の方法としては，おそらくそれがベストだろうことは，私も同じ考えだ」

「しかし，気をつけなければならないことは，当社はアメリカ企業の子会社だということだ。もし正式な謝罪文を出すということになったら，財務会計部門からは，『当社が謝罪文を出すということは，契約不履行とその責任を自認すること。その責任範囲はどの程度なのか？その限度での債務（損失）引当てが必要になる』と指摘されるだろう。そして，法務部門は，想定される当社の責任限度についての分析と見解を求められるだろう」

「反面で，本件に関連する事業部門からは，『まだ謝罪をすることによる解決を探ることを決めたわけではない。そもそも当社（当事業部門）に本当に債務不履行があったと判断せざるを得ないのかもはっきり検証しないうちに，謝罪文等を出すことはできないし，ましてや債務の引当てをすること等は受け入れられない』と反論されるだろう」

「さらに，本社法務部門からも，『なぜこんなに早い段階で謝罪をしなければならないのか？謝罪を，しかも文書で行う，ということは，自らの非，すなわち法的責任を明確に認めることであろう。きちんとした事実認識のうえで，適切な根拠に基づいた分析をしないであっさりと謝罪してしまうことは，当社の立場を弱くするリスクを大きくすることになり，認められない』と指摘されることは明白だ」

「君は，これらの要求や指摘等に対して，有効に説明・説得できる準備ができているのかね？」

これに対しFは，「逆ではないですか？この段階で謝罪文を出せば，顧客サイドで収拾に当たってくれて，当社の責任は小さなもの，場合によってはゼロにしてもらえるのであって，もしこの機会を逃したら，かえって状況は悪化して当社に対する法的リスクは高まるのではないですか？日本には日本の問題解決の方法や文化，慣行があるのですから，それを説明して本社各関連部門に理解してもらうべきではないでしょうか？」と，Xに反論しました。

▶ 分 析

1 謝罪文への抵抗

米国会計基準に従ってグローバルに会計処理を行っている企業では，日本の会計基準と異なる処理をする場面があります。そして，その処理は極めて保守

的（慎重）に行う傾向にあるように見受けられます。いわゆるSOX法への対策が主な原因です[1]。

　本件の場合，たしかに日本の文化や慣習上，謝れば許してくれる（悪いようにはされない）かもしれませんが，米国では逆の結果になることが圧倒的に多い以上，謝ったら（さらには文書によって謝れば）より大きな法的責任を負わされる，という判断に至ってしまいます。財務会計部門が，謝罪文の提出イコール法的責任の自認と評価して債務引当てを必要と判断し責任限度のアセスメントを法務部門に求める，という思考パターンを取るのは，米国会計基準によって会計処理の判断をする際，当然と言えるほどの前提となっているのです。

　この思考傾向は事業部門にも存在します。顧客との問題が発生した際，解決のための手段や方法，態様，最終的着地点には，数多くの選択肢があります。もちろん，謝罪も選択肢の一つですが，その方法をとることにより生じうる上述のような結果に思慮を働かさなければなりません。たとえば，事業部門が謝罪という問題解決方法を選択していないのに，それを独断専行してしまうことで，債務や損失の引当てなど，事業部門にとって容易に受け入れられない結果を生じさせてしまうことは，やはり適切とは言えません。

2　謝罪文の出し方

　けれども，Nは謝罪文を絶対にダメとは言っていません。謝罪文がベストであることを本社各部門に説明して理解してもらえれば，それがベストな解決方法となりうるのです。そのためには，Fは以下のことをする必要があります。

　第1に，日本では謝罪が必ずしも法的責任の自認（Admittance of legal liability）とはならないことを，正しく理解してもらうことです。話し合いによる友好的な解決を評価する日本で，そのような解決の意思の表明にすぎないということを米国本社側に説明します。

　そのためには，実際にそのような内容の謝罪文を，事業部門とよく協議してあらかじめ準備しておきます。

　そのポイントは，①当社側に債務不履行や過失，法的責任などがあることを認める表現としないこと，②トラブル（に見える）状況を作りだしたことを遺憾に思う旨表明すること，③冷静な話し合いによる解決を望む意向を表明する

こと，④先方もこの内容であれば納得して話し合いに応じ，トラブルのリスクが小さくなること，でしょう。特に②③は，日本人にとってみればお詫びとお願いに他なりませんので，顧客側責任者も了承しやすいはずです。このような表現に仕上げることは，法務部員としての腕の見せどころです。

以上の内容を，Xが本社法務や会計部門などに説明し，了解を得ることになります。実際には，特に④本当に先方も話し合いに応じるのか，という点について質問が出るでしょう。

第2に，けれども顧客側責任者の内諾を得ているだけでは不十分です。顧客側責任者の無責任な責任逃れに乗せられているだけではないか，と疑われるだけです。これに加えて重要なのは，責任者個人ではなく顧客にとっても，トラブルを早期に解決し，取引を正常な状態に戻した方がメリットであることです。当社にとってメリットがあることをどのように説明し，納得してもらうのかについては，事案ごとに異なるのですが，そこは担当事業部門に頑張ってもらいましょう。法務部門と担当事業部門の共同作業なのです。

実際は，①～④すべてを満たしても本社側が納得しない場合もあります。だからこそ，事前の準備が重要であることを，NはFに教えたかったのです。

3　おわりに

あえて一般化すれば，日本では，まず謝罪して相手の責任追及を緩和し，少しでも良い条件での解決を目指していく，といったいわゆる「せり上がり」の手法が取られ，米国では謝罪などしないでできる限り自己を正当化し，相手に反論しながら少しでも良い条件での解決を目指していく，といったいわゆる「せり下がり」の手法が取られます。

そして，このような文化の違いを踏まえつつ，そのままであれば本社側が認めるはずのない謝罪文の提出[2]を，本社側に認めさせるのです。社内法務は，このような国による違いを理解し，相手方だけでなく社内（特に外国本社）での対応も賢明に行うことが必要となります。

1　【3－3　We don't know yet.】78頁参照。
2　【4－1　Hard Positionを取る】92頁参照。

第4章　行動力アップ

4-5　契約書至上主義

用語解説

　契約書に書かれているオプションはいつでも自由に使えるはずだ，と無理を押し付けられる場合がある。日本は異質であると説明するよりも，欧米でも契約書が万能ではないことを思い出させ，自分の言っている無理を理解させる方がよい。

事例

　本社から設定された経費削減の目標を達成するために，長年の取引先Xに対して取引条件の変更を申し入れたところ，Xはこれに応じようとしない。当社とXとの契約条項の中に，当社の契約条件変更権が，一定の条件と範囲で定められており，本社は，相手の意向を聞くまでもない，として強硬な姿勢を崩さない。

▶ 対応例

　法務部長は，本社のジェネラルカウンセルに対して状況を説明しました。当初，ジェネラルカウンセルも本社経営陣と同様，契約の記載どおり契約条件変更のオプションを行使すれば良い，という意見でした。下請法の適用もない相手であれば，契約の内容が修正されないのではないか，というのです。

　そこで法務部長は，「信頼関係破壊の法理」など継続的な契約で相互に信頼関係が醸成されている場合には，当事者間のルールはそれによって修正されることがある，Xは当社が日本に進出してきたときから10年以上当社をサポートしてきてくれているので，たとえ契約書にオプションが記載されていても，その行使を制限される可能性がある，と説明しました。

　ジェネラルカウンセルは，ルールの多様性の問題であると理解し，本社経営陣に正しく理解してもらえるよう話をする，と約束してくれました。

▶ 分 析

外国のビジネスマン，特にアメリカ人と話をしていると，約束したんだから文句を言われることはあり得ない，という意識が強いようです。いや，契約書がすべてではない，と説得するロジックを検討しておきましょう。

1　労働法

この感覚の違いが最も顕著に表れるのは，労働法の分野です。

約束した仕事ができないなら，約束を果たしていないのだから，契約は解消する，すなわち解雇だ，というのがアメリカ人の感覚です。

ここで，法律家ではないビジネスマンに，日本の労働法の話をするとどうなるでしょうか。すなわち，労働者の権利を守るために契約内容が強制的に修正されることがあるし，解雇も自由にできなくなっている，と説明するのです。

すると，どうして自分も納得しているのに強制的に修正するのか，日本は社会主義国なのか，など今度は日本社会や政策への非難が始まります。多様性を重んじる国でありながら他国の法制度や文化を理解できないのは不思議ですが，アメリカは様々な文化や法制度が混ざりあってできた国であり，様々な文化や法制度の競争があり，そこで勝ち残った文化や法制度なのだから，自分たちの法制度や文化こそが競争を勝ち抜いた絶対で唯一のもの，と本気で信じている人もいます。それに近い発想なのかもしれません[1]。

この認識の違いを克服するために，たとえば社外の弁護士に説明をしてもらったり，本事例のようにジェネラルカウンセルに説明してもらったりしなければならないのです[2]。

逆に言うと，日本では簡単に解雇できない，そのためには慎重なプロセスが必要である，ということを理解している会社は，多様性や，特に日本の法制度に対する理解が進んでいる会社である，と言えるのです。

---

1 さらに言えば，この傾向は世界の競争の中心であるという誇りの強いニューヨークが強く，逆にニューヨークとの違いを誇りにしている地方都市では弱くなるように思われます。アメリカの中でも，ニューヨークとそれ以外でこんなに違うのだから，他の国ではもっと違うはずだ，という認識が，多様性に対する理解の源泉になるのです。
2 【4－3　外国人の説得】100頁参照。

これに対し，ヨーロッパ諸国では，解雇権の制限など労働法固有の規制が存在しますので，日本の労働法制に対する違和感はそれほど強くないようです。

2　取引契約

取引契約は，さらにハードルが高くなります。契約は守られなければならない，という契約法の大原則がそのままズバリ適用される領域だからです。

① 独禁法や下請法

契約法も経済法的な観点からの制約があり，独禁法や下請法による修正があり得ます。具体的なルールはともかく，基本的な考え方は欧米諸国共通です。

このように，企業間の契約であっても修正される可能性があることは万国共通なので，契約だから，というだけで日本の法制度を理解しようとしないのはおかしい，と言えます。

② 継続的な関係

契約内容が修正される可能性がある代表的な例は，継続的な関係です。労働法による修正も，この要素を一部含んでいると言えなくもないでしょう。

すなわち，継続的な関係になれば，お互いに相手の信頼性を十分理解できますので，たとえば相手の信頼性が低いと考えるのであれば，契約条件を変更するなどの手段を事前に講じることができたはずです。ところがそれをせずに，一方的に有利な契約条件を維持することはフェアではありません。相手も，そのようなアンフェアなことをしないだろう，と信頼すべき状況にあります。継続的な関係は相互に信頼関係を醸成するので，その一方的な解消や変更は，たとえ契約で約束されていることであっても，制限される可能性が高いのです。

ところが，この説明に対しては，継続的な関係の中で，不利益な条項について変更を申し入れる機会は先方にもあったはず，十分機会が与えられていたのはお互い様であり，それで十分フェアではないのか，という反論がなされます。結局，この説明だけで理解してもらうことが難しい場合があるのです。

③ 消滅時効

次に，消滅時効やそれに似た制限がある，という説明が考えられます。

つまり，何年も権利行使しなかったのに突然権利行使することがフェアではないと評価されると，法律の規定や公平性の観点（Law of equity）から，時

効消滅したり権利行使が制限されたりする可能性がある，という説明です。

Law of equityは衡平裁判所のルールであり，英米法上の概念ですが，アメリカのビジネスマンにとっても，話には聞いたことがある得体のしれないもので，日本語にすると「超法規的解決」のように感じられるようです。

たとえ得体のしれないものであってもルールはルールですから，②のように価値観の違いにしか思えない説明をされるよりは，納得感が高いようです。

④ 損害賠償

これは，仮に契約で勝っても，権利行使が不当であるとして損害賠償責任を負う可能性が残る，という説明です。日本人には「権利の濫用」と言えば通じるでしょうが，欧米人にとっては，これもやはり抽象的な価値観そのものに感じるようです。それよりも具体的なルールである「損害賠償責任」の方が伝わりやすいようです。英米法上，契約法と不法行為法は別だからです。

⑤ 黙示の合意

さらに，黙示で契約書の内容が修正されたり，特約が成立したりしたと評価される可能性がある，という説明もあります。

契約書の修正は契約書を書き直さなければ駄目ではないのか，と食らいついてきますが，契約書の修正が口頭でされたり，暗黙の了解で修正されたりすることは欧米でもあるのではないか？と質問すると，（本当はどうか知りませんが）そうかもしれないと思うのか，法律の議論をしたくないのか，それで納得されることがあります。

3　おわりに

日本の裁判所は独特であって契約書以外の事情を重視するから，という法治主義に反しそうな説明をする場合もありますが，好ましくありません。司法の権威を貶めることにもなりかねず，他の場面で日本の司法制度に基づく説明をしても，その説得力を下げてしまうことになりかねないからです。

日本人には日本異質論を好む傾向がありますが，卑屈な印象を相手に与えかねません。また，最近は日本よりもずっと異質な感じを与える国が多くあり，日本異質論の説得力も小さくなっています。

お互いに同じでしょう，という議論も使えるようにしましょう。

第4章　行動力アップ

4-6　自分のチェックリスト

用語解説

　業務上のノウハウを形にし，使いやすくするためのツール。特に国際的な法務業務の場合には，確認すべき論点も多様なので，属人的で場当たり的な業務処理を漫然と積み重ねるだけだと，いつかミスを犯しかねない。

事例　　法務部員Aが法務部長Mに対し，法務の業務として必要な外国の法律などが一冊にまとまっている文献がないか，相談に来た。あちこちに散らばっているし，アップデートのタイミングも違うし，とにかく面倒だ，というのである。

▶対応例

　Mは，苦笑いしながら，それなら最初は箇条書きでいいので，自分のチェックリストを作ればいい，いろいろと追加していくだけで，立派なデータベースになるから，とアドバイスしました。

▶分析

　重要なポイントは，業種によって異なってきます。

　そこで，自分なりの法的なチェックリストを作りましょう。自分の会社だけで十分です。詳しい記載も不要です。もちろん，後輩に対する引継書をイメージしてその内容を充実させていけば，自分自身の知識の整理にもなり[1]，それはそれでとても良いことですが，まずは簡単に，箇条書きと簡単なコメントだけでチェックリストを作るのです。

　たとえば，私が関わってきた会社でチェックリストを作ると，以下のようになるでしょう。

1 チェックリストの例

(1) 気付くべき外国法の域外適用の可能性

① 米国FCPA

② 米国医療保険制度改革法（PPACA）

③ 独占禁止法

やり手として有名なジャック・ウェルチ（GE元社長）も，欧州委員会の反対により，ハネウェルを買収できなかった。

④ 証券取引委員会 SEC，証券取引関連法

⑤ 関税法

アンチダンピングと評価されないか，注意。

⑥ 日本の贈賄罪と不正競争防止法18条

日本の刑法における贈賄罪は，不正の利益を目的とすることを要件にしない。他方，不正競争防止法18条はいわゆる不正な利益を目的としなければ適用されない。そこで，ファシリテーションペイメントをどう処理するかという問題。

⑦ 現地の贈賄罪

現地弁護士の意見書をもらうこと。ちなみに，ベトナムでは200米ドル以下では，刑法上の贈賄罪にはならない[2]。

(2) 知っておくべき国際租税関係の論点

① 外国税額控除が取れるか

② 移転価格税制の概要

③ 従業員個人の所得税の問題（183日ルールなど）

④ 常設機構（PE）

日本に出張してきた外国人役員に，気軽に日本で書類にサインさせない。

⑤ 源泉税

⑥ 租税条約の締結国，内容，諸手続

⑦ タックスヘイブン課税

払う側としては，本社からの借入金利息などのみなし配当に注意。

---

1 『法務の技法』はしがき参照。
2 【3－1 賄賂対策①（統一ルール）】70頁，【3－2 賄賂対策②（現地ルール）】74頁参照。

⑧　外国子会社の配当課税の減免
⑨　ストックオプション
　特に，本社のストックオプションを日本在住の日本人従業員に与えることと，日本の金融商品取引法の関係に注意。
(3)　**準拠法，裁判管轄，裁判か仲裁か（考慮すべきポイント）**
①　自分にとっての分かりやすさ
　自国や本社の法律。
②　契約自由の原則と強行法規
　NY，香港，スイスが割と自由。
③　消費者保護法の強さ
④　法律および裁判の予測可能性
　英米法による判例の積み重ね。
⑤　地理的アクセス
⑥　判断の信頼度
　ホームタウンディシジョンはあるか，裁判官の汚職の可能性，陪審制度。
⑦　紛争解決の時間とコスト
⑧　執行可能性
　条約加盟の有無，主な債務者の財産のある所，そもそも司法制度が充分整備されているか。
(4)　**各国の外貨，外国為替規制**
①　外国人による投資の規制
②　土地
③　株式
④　インフラ
⑤　特定技術
(5)　**輸出，技術移転の規制（エクスポートコントロール）の基本構造**
①　ABC兵器
②　ミサイルその他の大量破壊兵器に利用できる特定技術
③　部品
④　テロ支援国家

(5) テロ関係者のブラックリスト
(6) マネーロンダリング（犯罪収益移転防止法），本人特定法
(7) 弁護士秘匿特権（アトーニークライアントプリビレッジ）
① ディスカバリー
② 政府機関による調査
③ メールや文書の保存，廃棄と証拠隠滅
④ 文書やメールで使ってはいけない表現

「競争を排除する」「競合を駆逐する」「速やかに関係書類を廃棄しろ」「質問されても一切答えるな」，嘘をつくことを促すようなもの，差別的または卑猥な表現。

ディスカバリーがある以上，基本的には新聞に載っても大丈夫なようなことしか書かない。

(8) リニエンシー制度
(9) 各種業法

化学物質の規制，排出ガスの規制，金融機関に対する規制，など，各業界ごとに固有のルールがあり，しかも国際的な統一が進んでいない場合が多い。

2 おわりに

いかがでしょうか？この程度なら気楽に取り組めますね？

いずれも国際法務のノウハウとして身に付けておきたい問題ばかりで，詳しく検討したいところですが，ここでは，これらを自分のものとして身に付けるために，チェックリストにしておくことを提案しましょう。

新しく気づいたことや経験したことを，チェックリストに少しずつ書き足していきましょう。ここに挙げたリストも，成長途上のリストです。チェックリストをときどき見返すことで手ごたえを感じてやる気が出てきますし，チェックリスト自体も業務上役立つのです。

そして，書き足していったノウハウをベースに，それぞれを後輩に対する引継書のつもりでまとめてみると，あなた自身の「法務の技法」や「国際法務の技法」が完成するはずです。

第5章

コミュニケーション力
アップ

第5章　コミュニケーション力アップ

5-1　大陸ヨーロッパ人との仕事

用語解説

　同じ白人でも，国によって考え方や行動が大きく異なる。日本人には，白人というとアメリカ人のイメージが強いが，白人も実に多様である。
　たとえば，フランクに話しかけたら気分を害したり，ドライではなく情緒的な反応をされて驚いたりする。お国柄を理解しておくことが，一緒に仕事をするうえで重要。

事例

最初に，ジョークを紹介する。
人に崖から飛び降りることを命じる際のキーワードは何だろうか。
ドイツ人には，それがルールだからと言い，
フランス人には，それは愛のためだからと言い，
アメリカ人には，君はヒーローになれると言い，
日本人には，みんなが飛び降りるからと言う。

▶対応例

　さらに，もう一つ。国際会議の運営上の問題です。国際会議の議長にとって一番難しいことは何でしょうか。
　それは，インド人を黙らせることと，日本人を喋らせることです。

▶分析

　法務部門の位置付けから考えてみましょう。英米法と大陸法の違いです。
　たとえばアメリカの会社では，ジェネラルカウンセルはCEOを直接サポートし，そのため法務部門もジェネラルカウンセルを通して，CEOの下に置かれます。また，株主総会や取締役会の事務局としての業務はコーポレートセクレタリーが所管し，それもジェネラルカウンセルが所管したり，ときに自ら兼

務する場合もあります。実際の業務でも，ジェネラルカウンセルは会社業務全体を理解し，経営と同じ観点から関与することが期待されます。

このように，特にアメリカの会社では，法務部門には，会社を規律する機能が強く期待されていると評価できるでしょう。

ところが大陸ヨーロッパでは，法務部門がCFOの下に置かれることが少なくありません。また，株主総会や取締役会の事務局としての業務についても，そもそもコーポレートセクレタリーなど置かず，CFOの下にある法務部門や財務部門が片手間に担当する場合が多いようです。実際の業務でも，法務部門には，会社経営の重要な決定に関与することは期待されず，経営が必要と思うサポートしか期待されていない場合が多いようです。

つまり，大陸ヨーロッパの会社では，法的な観点から会社を規律するという傾向は，相対的に弱いように思われるのです。

このような違いは，法に関する認識の違いも原因となっているようです。

すなわち，歴史的に大陸ヨーロッパでは，法律家は王や諸侯，権力者の手先であり，飼い犬でした。また，ルールは権力者の有するツールなのです。

これに対して英米法，特にイギリスでは「法の支配」が重視されます。すなわち，マグナカルタ以来，国王といえども法に従わなければならない，権力を制限し，規律するのが法である，という発想です。法曹は，単なる技術屋（いわゆる「法律屋」）ではないのです。

そして前者の大陸ヨーロッパの中でもお国柄の違いが見受けられるのです。

1 フランス人とイタリア人

両者は，もちろん違いもあるのですが，仕事で付き合う限りでは似ていますので，あわせてお話ししましょう。

まず，フランス人のことを他のヨーロッパ人はどう見ているのでしょうか。

ドイツ人は，フランス人のことを怠け者と思っています。イタリア人は，フランス人のことを，イタリアの真似をしていると思っています。ローマ帝国がなければフランス人は野蛮人のままだったし，フランス料理はウィーンからフランスに移住したハプスブルグ家の料理人が作り上げたものだし，ルーブル美術館にあるイタリアの文化遺産はナポレオンに強奪されたモノなのです。

また，イタリア人はどう見られているのでしょうか。

ドイツ人は，イタリア人を格下に見ています（そのくせ，バカンスでイタリアに行くのが大好きです）。フランス人は，イタリア人のことを暑苦しいと思っています。フランスの方が洗練されており，イタリア人は何をするにしても垢抜けない田舎者だし，電力も，イタリアはフランスから輸入してまかなっているのです。ちなみにフランス人は，ニューヨークが大好きですが，アメリカ人のことも田舎者と思っています。

さて，肝心の仕事での付き合い方です。

フランス人やイタリア人は，たとえばルールが定められていない想定外の問題に遭遇しても気にすることなく，あってもルールは破るものと思っている人が多いように感じます。むしろ大事なのは，人間関係です。特にイタリアは典型的なコネ社会ですし，たとえば不動産取引についてはマフィアの関与に注意が必要です。

実際の仕事の進め方ですが，たとえば会議では，まずは利害のぶつかり合いから議論が始まります。そこは，文句を言ってナンボの世界です。会議での怒鳴り合いも普通です。でも，最後は王様（上司）の言うことを聞きます。部下は，常に誰が本当のボスなのか，誰に媚びるべきかを見ています。

どのようなルールや理論なのか，という議論は最後の最後ですし，そこに至るまでには，ロジカルでなく想像を超える身勝手な屁理屈でも，恥ずかしげもなく論理的に語ってくるのです。

このような権利主張や自己主張は，ストやデモがナショナルスポーツ（国技）のように日常的にあることと共通するように思われます。実際，国民もこれを当たり前のように受け止めているのか，ストやデモによって不便が生じても，あまり文句を言いません。

また，フランスで内部通報者制度を作るとどうなるでしょうか。いまだに，ナチへの協力者，密告者とレジスタンスの話になり，本来の機能を果たさせるのは至難の業です。内部通報者制度は鬼門なのです。

また，時間の感覚も異なります。時間に遅れるのは普通です。そのくせ，なるべく仕事時間に拘束されたくないので，管理職の時間当たりの労働生産性はむしろ高くなっています。単純にいうと早く帰りたいから。そうかと思うと，

本当にやるべきことを納得したら，徹夜してでもやり遂げる人もいます。

さらに，セクハラの意識が乏しいのも特徴です。人生をいかに楽しむのかが最も重要であって，美味しいもの食べ，素敵なパートナーがいてナンボ。社内不倫は，どちらかがやめれば，お咎めなし。食事の席は，社内だけの集まりの場合でもわざわざ男女交互に座ることが多いです。

2　ドイツ人

ドイツ人がどのように見られているか，ですが，イタリア人にとっては，怠けていても何とかなるのに，一所懸命働いているドイツ人は堅物というイメージがあるようです。

実際の仕事でも，ドイツ人はルールをついつい作り過ぎてしまいます。ストラクチャーやフォーマリティも大好きですし，自分がルールや命令に従うことに，あまり疑問を持ちません。

仕事へのこだわりも強く，品質に納得しなければ市場に出しません。ときにはそれが高じて，自信のある良い品質の商品が売れないと，それを理解できないユーザーが悪いと言い出すエンジニアもいます。

ドイツ人と議論するときは，フランス人やイタリア人とは全く逆に，利害のぶつかり合いは後回しです。論理的にどうあるべきかが出発点であり，その後に個別の利害調整が行われるのです。

3　おわりに

大陸ヨーロッパ人の多様性を中心に検討しましたが，大陸ヨーロッパ人の中に共通する点もあります。

アメリカ人であれば，上司であってもファーストネームで呼びかけ，上司が近づいてきても座ったまま話をします。けれども，大陸ヨーロッパ人が上司の場合には，気楽にファーストネームで呼びかけるのではなく，また向こうから近づいて来れば立ち上がって話をしましょう。日本人相手と同様の感覚です。

なお，本節の内容は筆者が経験したことに基づく個人的な感想であって，どの国にも個性豊かな人々がおり，その多様性を否定するものではありません。

第5章　コミュニケーション力アップ

5−2　中国人の価値観

用語解説

　国家としての中国だけでなく，香港や台湾，さらにアジア諸国に広く中国人が進出しており，アジア諸国で仕事を行う場合，中国人と関わりを持つことは避けられない。

事例

　法務部のAは，会社のアジア・パシフィック地域の法務・コンプライアンス部門の集まる会議に参加した。そこには，北京だけでなく，上海，香港，台湾からも中国人が参加していた。休憩時間，一部の中国人同士は中国語で，しかし一部の中国人同士は英語で談笑を交わしているのを見て，Aは，もしかしたら仲が悪いから英語を使っているのではないか，と感じた。

▶ 対応例

　初日の夕方，国際電話で法務部長に報告をしたついでに，Aは，同じ中国人同士で英語を使っていたことを，驚きとともに報告しました。

　Aは，あの2人はシンガポール人と中国人なのかもしれない，政治的な対立や反感が，同じ中国人同士なのに英語を使わせているのではないか，と自分が感じたことを話しました。

　これに対して法務部長は，シンガポールは中国と仲が悪いわけではないし，そうでなくても同じ民族という親しみを感じるのが普通で，政府同士の関係なんか気にしないはずだ，なぜ英語を使っているのか直接聞いてみたらいい，同じ会社の仲間なんだし話をするいい機会だ，と説明してくれました。

　翌日，Aは英語で談笑している中国人の同僚に，恐る恐る，中国人同士なのに英語を使っている理由を聞きました。するとその2人は，笑いながら，発音が違いすぎるから，中国語で意味を確認しながら話をするよりも英語の方がラ

クなんだ，と説明してくれました。

> ▶ 分　析

違う言語であるにもかかわらず，スペイン語とポルトガル語は非常に似ていて，通訳なしで会話が成立します。そこまで極端ではないにしろ，特にラテン系の言語ではそっくりな単語や表現が多く，交流は難しくありません。

他方，中国語の場合，文字にすると大体同じである（ただし，簡略化されていない台湾の文字を，簡略化された文字しか知らない中国本土の人が読めない場合があります）にもかかわらず，発音が全く異なり，会話すら成立しない場合が多いのです。

本節では，中国人と仕事をするポイントの前提として，中国人の価値観について考えてみましょう[1]。

1　他人との関わり

多くの中国人の考える，個人と個人の関係，個人と公の関係が，多くの日本人が抱くそれと，かなり違うと思います。

中国人は，ビジネス上で知り合う場合だけでなく，ごく個人的な出会いでも，相手が自分にどれだけ利益をもたらすか，役に立つかと値踏みしている節があります。また，自分と相手のどちらが上か下かも見ています。

日本人でも，ビジネス上では，初対面で，その人がどんな権限があって，自分のビジネスを有利に運んでくれる助けになるのか，役に立たないのか，値踏みしますが，プライベートな出会いでは，人柄とか，相性とか，一緒に会話していて楽しい人かということを見ている気がします。

また，中国人は関係が親しくなると遠慮がありません。いろいろ頼みごとをされる可能性があります。逆に，いろいろ頼みごとをすると可能な限り，かなえてくれます。頼みごとをしないとよそよそしい，自分を友達と思ってくれていないと思われることもあります。特に人の紹介は，友達の友達の友達くらいは，平気で紹介してくれます。コネをたどるというのが，中国でのサバイバル

1　実際の業務上の対応として，【5-3　中国人との仕事】126頁参照。

には必要不可欠だからです。この相互依存は，中国の人間関係の基本です。

したがって，ビジネスでも，中国側や中国の責任者，担当者にこちら側が将来的に大きな利益をもたらす相手だと理解されていると，トラブルも譲り合いで，解決できますが，一度の取引や，特別な利益をもたらさない普通の取引相手であるときは，なかなか理屈が通らないこともあります。そういう意味では，ゼロサムの紛争や交渉は，厄介です。一度の取引の場合は，アングロサクソンのように，取れるものはすべて取ろうとする人もいます。

また，少なくない中国人は，自分，家族，親友，知り合い，知らない人，公共という同心円で，物事を見ており，外に行けば行くほど，単なる自分にとってのリソースとしか見ていないのではと感じます。公というのは，個人の奉仕の対象ではなく，個人の生活のためのリソースにしか過ぎず，使えるものは，すべて使って，自分の後の人が使えようが使えまいが眼中にありません。だから，公衆便所のトイレットペーパーをすべて持って行ってしまうのです。

ただ，それでは，中国社会もこれからのさらなる発展に向けて差しさわりがあると中国政府も感じたのか，最近では各地でマナー向上のキャンペーンが見られます。

2　日本人との関わり

他方，中国人からは，日本人は冷たい，何を考えているのか分からないと思われることが多いです。

私は人に迷惑をかけないから，私に迷惑をかけてくれるなというのが，現代の都市の日本人の人間関係の基本ではないでしょうか。台湾人や香港人は，どちらに近いかは別として，中間的です。また，中国人でも日本語を勉強して，日本が好きな人たちも少なからずいます。彼ら，彼女らの中には，中国人の習慣より，日本人的な考え方に好感を覚えてくれている人たちもいます。どこの国の人でもそうですが，なかなか一概には言えません。

3　中国文化の多様性

中国に暮らす民族には，大きくは，漢民族とウイグル，モンゴル，チベットなどの少数民族があります。少数民族問題が，中国では大きなテーマです。

言語ですが，漢民族の言語をひとくくりにして，中国語と呼ばれます。中国語の中でも，標準語である普通語は北京官話を基本に作られています。本当のローカル北京人の話す言葉と，我々がいわゆる北京語と言っている言葉は，日本語で言えば，江戸弁と標準語の違いがあると思います。天津市や東北３省では，普通語がネイティブにきれいに話されています。ただ，吉林省には朝鮮族がいて，朝鮮語を話します。韓国語とは若干語彙やイントネーションが違うようです。

中国語を大きく分けると，華東(かとう)の方言で，代表的なものに上海語があります。しかし，100キロくらいしか離れていない南通市(なんつう)では，華東方言でも別の言葉が話されます。福建省(ふっけん)では，福州語(ふくしゅう)，福清語(ふくせい)，閩北語(びんほく)，閩南語(びんなん)，客家語(はっか)があり，閩南語と台湾語は，基本的には同一です。客家語は，台湾の一部の人たちも使用します。広東省では，広東語が話され，香港語とは基本的に同一なのは，閩南語と台湾語の関係と同じです。

これら，普通語，上海語，福建の各方言，広東語は，お互いに全く通じません。たとえば，日本人は，普通語で，「るーべんれん」「ずーべんれん」，台湾語では「りっぷんらん」，広東語では「やっぷんやん」になります。中国語の方言は話し言葉であり，書き言葉は普通語を使います。方言をそのまま書くと普通語にはない漢字も珍しくありません。

4　おわりに

中国は，地域的な広さ，人種，宗教，言語などの多様性からいっても，EUに匹敵するものがあり，一つの国を維持しているのが，奇跡的ともいえるでしょう。

そのような多様性を理解することが，中国人とビジネスをするうえでとても重要です。それは，外国人から日本の多様性に対する理解が示された場合を考えてみればわかることです。相手に対する理解や，良い意味の興味は，相手の心を開くきっかけになるのです。

なお，本節の内容は筆者が経験したことに基づく個人的な感想であって，どの地域にも個性豊かな人々がおり，その多様性を否定するものではありません。

第5章　コミュニケーション力アップ

5-3　中国人との仕事

用語解説

　多くの中国人は，一方で，非常に面子を重んじながら，他方で，日本人から見ればなんとも厚かましい場合もあるが，中国人にとって，これは特に矛盾することでも恥ずかしいことでもない。その特性を理解して付き合うことによって，ストレスを減らしてくれる。

事　例　　法務部のAは，会社のアジア・パシフィック地域の法務・コンプライアンス部門の集まる会議に参加した。そこで知り合った中国人弁護士Cたちと街に食事に出かけたところ，賑やかに盛り上がっていた別のテーブルの客の1人がこちらに近づいてきて，Cに親しげに声をかけてきた。

▶ 対応例

　その客が店を出た後に聞いたところ，あの客はもともとは同じ会社の営業担当役員だった者で，今は独立して，そっくりの商品を販売している，と説明してくれました。

　食事のときに大声で騒ぎ，テーブルも食べ散らかしたままだったので，気に入らないと思っていたうえに，勝手にのれん分けするような行動に眉をしかめていたところ，Cはにっこりとしながら説明しました。

　「日本人にとっては，とても行儀が悪い人と思われるかもしれませんが，彼は普通の中国人ですよ」

▶ 分　析

本節では，中国人と仕事をする際のポイントを検討しましょう[1]。

1　前提として，【5-2　中国人の価値観】122頁参照。

1　官僚の権限

中国人に共通する最大のポイントは，官僚の権限です。

一緒に会食をすると分かりますが，乾杯をしながらの飲み比べがよく行われます。どちらかが酔いつぶれるまで徹底して行われることもありますが，そのような場合には，1回は潰すか潰されるかまで飲んだ方が，関係が良くなります。かつては，税務当局の高官に酒で飲み勝つと増値税の還付が増えたとも言われます。さすがに，一緒に酒を酌み交わすだけでそこまで優遇される時代ではなくなってきているでしょうが，中国では，地方官僚の裁量権が日本に比べると極めて大きく，それが役得の源泉なのです。

中華人民共和国は，共産党の指導の下に人民による独裁を憲法でもうたっている国ということを忘れてはなりません。国家機関より，党の方が上です。たとえば，市長より，党の書記長の方が序列は上です。また，肩書も秘書長といえば，リーダーの最側近ですし，書記は上級幹部です。主任という肩書も，日本でいえば，その組織の局長級の役職者であることが少なくありません。

自分の面子を大切にしますが，友好関係にある場合や友好関係を築きたい場合は，相手の面子にも配慮します。上級者に会いたいならば，こちらも相当の肩書の人を連れていく必要があります。

2　中国人との付き合い

では，実際に中国人と付き合う場合について考えましょう。

まずは，中国人をビジネスの相手方とする場合です。ビジネスの相手方として見た場合，詳細にこだわらず何でもOKという相手は危険です。太っ腹な大物ぶりを見せようとしているのでしょうが，そもそも契約を守る気がないから何でもOKなのです。

むしろ，細かいことを言ってくるのは良いサインです。相手に契約を守らせよう，という意識の表れかもしれませんが，裏返すと自分自身も契約に縛られることを理解していることを意味します。

特に個人企業の場合には，お金や人事など，なんでも公私混同が普通で，資本関係も複雑怪奇です。会計帳簿類を信頼できないのは当然でしょう。ひどい場合には，税金を払わないことがビジネスモデルの前提になっていて，税金を

払わないために様々なことをしているうちに，会社経営の実態が本人でもよく分からなくなってしまうのです。理屈が後付けな点はフランス人と同じです[2]。

次に，部下として接する場合です。

中国人を部下にする場合には，いつか会社を離れて独立するか，より待遇の良い会社に転職することを覚悟しておく必要があります。よく言えば独立志向が強いということですが，そのためには現在の会社から学べるものはすべて学び，盗めるものはすべて盗む，という発想に注意が必要です。許していないのに，似たような看板で，似たような商売を始めます。勝手にのれん分けするようなものです。どんなに忠誠を誓っても，職場で見聞きしたものはすべて真似されることを覚悟して接する必要があるのです。

このように見ると，ビジネスの相手にしろ部下にしろ，中国人はどんな神経をしているのかと思いたくなりますが，卑屈な面はありません。むしろ自分のやり方に自信と誇りを持っています。面子を大事にし，常に自分を鼓舞しているように思われます。

ところで，中国人の面子と似たものに，日本人の「恥」があります。他人に馬鹿にされると，面子が潰され，恥をかかされます。また，面子を守り，恥をかかないために意地を張ります。

ところが，恥には面子と異なる面があります。それは，自分が自分に対して恥じる点です。お天道様が見ている，という言い方をしますが，誰が見ていなくても自ら矜持を正す，恥ずかしくない人生を送るのだ，という発想です。このような，自ら恥じる，という意識があるから日本人が偉い，というわけではなく，そのような意識を相手も持っているはずであるという淡い期待を持たずに接する必要がある，という点がポイントになります。

3　地域の特色

次に地域ごとの特色ですが，大陸中国を見た場合，上海人は自分たちが，中国では一番上と思っています。その自信が同じ中国人だと鼻につくのでしょうか，他の地域の中国人はそんな上海人が嫌いです。

2　【5-1　大陸ヨーロッパ人との仕事】118頁参照。

これに対して北京人は，政治の議論が好きです。しかも，こと政治的な問題に関しては頭が硬く，融通が利きません。

また，同じ中国でも東北3省の出身者は真面目です。日本でも北国の人は真面目ですが，何か共通点があるのでしょうか。

これに対して，香港人や台湾人を安易に大陸中国人と一緒にしてはいけません。大陸中国と違うという点に誇りがあるからです。

そのうち香港ですが，西欧の一員として自由を重んじるという自負があり，大陸中国人を田舎者と思っています。特に若い世代には日本のことが大好きな人達がいて，お金と時間ができると東京で買い物をしています。けれども，太平洋戦争中に日本が約4年間占領したことがあり，そのことを今でも不満に思っている人達がいますので，お忘れなく。

台湾には，本省人と外省人という区別があります。前者は，日本の敗戦以前から台湾に住んでいる人，またはその子孫です。後者は，蒋介石が大陸から共産党に追われて敗走してきたときに一緒に逃げてきた人，または，その子孫です。もちろん，本省人と外省人との結婚は禁止されておらず，混ざっています。

しかし，両者間のわだかまりもあり，たとえば多くの外省人の子孫は台湾語が上手に話せません。また，外省人は土着性が低く，アメリカなどに移民していく人も少なくないのです。他方，本省人の間では，228事件という，蒋介石の国民党政府が台湾人を虐殺したことが，いまでも語り継がれています。

4　おわりに

長年共産党支配が続き，一般的に信仰心はあまりありませんが，霊魂やご先祖様は結構大切にしています。

日中間の文化的交流も少なくありませんが，中国人の価値観は100年経っても日本人と違ったままでしょう。国民性はそんなに簡単には変われなのです。フランス人は，1000年隣同士でも，ドイツ人のようにならなかったのです。

なお，本節の内容は筆者が経験したことに基づく個人的な感想であって，どの地域にも個性豊かな人々がおり，その多様性を否定するものではありません。

5-4 雑談力

用語解説

雰囲気を和ませるだけでなく，相互に人となりを理解し，コミュニケーションを円滑にするために，雑談の機会を活用する能力。特に英語の場合には話の展開の予測が立ちにくいので，ネタを準備しておくと良い。

事例 法務部員Aは，外国本社から来日しているジェネラルカウンセルを，大阪支店に案内することになった。同僚のBは，一緒だからグリーン車に乗れるし，おいしいものが食べられるね，と羨ましがっているが，Aは浮かない顔をしている。

▶ 対応例

Aは，ジェネラルカウンセルが嫌いではありませんが，一緒に過ごす時間の気まずい様子を想像し，気持ちが沈んでいました。

これに対してBは，別に会社の仕事の話をし続けなくても良い，雑談を楽しめば，その楽しんでいる様子が相手にも伝わる，と励ましました。Aは，英語で雑談することが想像できず，かえって沈んでしまいました。

そこでBは，「もちろん，長い時間一緒だから，話題がなくなって沈黙することだってあるわ。けどね，黙っていても苦痛でないくらいは，お互いに相手を理解しておきたいよね。これは日本語でも英語でも一緒」「何か得意な話題で少し雑談して，『こいつのこと少し分かった』と安心させたら，失礼して本でも読んでれば良いのよ。不気味な日本人のうちの１人のままでいるよりずっとましでしょ？」と話しました。

Aは，褒められていないような気がしましたが，少し気楽になりました。

▶ 分 析

　雑談は，人間的距離感を近づける良い機会です。これは，一方で相手の人柄を知る機会ですが，他方で自分の人柄も観察されてしまいます。

　だからといって，ビジネスコミュニティーではそのような機会を無駄にしてはいけません。黙ってへらへらしていると，日本人に慣れていない外国人には不気味に思われかねないので，黙っていることのほうがむしろ危険です。

　ところで，英語に限らず雑談は，ビジネス会話と違い，話題の方向性が予測しがたい特徴があります。特に英語の場合には，ついていくのが大変です。

　そこで，雑談の困難を克服し，これをビジネスに生かすポイントを検討しましょう。

1　タブー

　第1のポイントは，選ぶべき話題の種類です。共通の関心を探し，価値観がぶつかり合う話題を避けることが大切です。

　たとえば，リーガルコミュニティーには，ユダヤ人とセクシュアルマイノリティーがとても身近にいますが，身近だからといって，それに対しての偏見を示唆する会話は，地雷です。また，たとえばモルモン教徒をネタにジョークを言っている人がいても，それに乗ってはいけません。その人自身がモルモン教徒の場合があるからです。

　ところで，宗教や政治について，これをタブーと評価する人がいます。たしかに相当微妙ですが，かなり親しくなると，相手を知ろうという態度で，それぞれの国や宗教が話題になります。日本人は仏教徒なのか無宗教なのか，何も信仰しなくてなぜ生きていけるのか，など聞かれたことがありますし，お互いの宗教やそれぞれの国の文化的特徴が話題になることもあります。先方の質問に合わせた同じレベルの質問であれば，失礼にならず，むしろ先方に対して興味を持っていることになるでしょう。

　政治についても，争点そのものの話をすることは難しいですが，政治日程の経済に与える影響はよくある話題です。

2　雑談のネタ

　第2のポイントは，雑談のネタをあらかじめ用意しておくことです。自分の得意分野を持ち，話題の方向性の予測可能性を確保するのです。

　たとえば，無難な話題としては，映画です。私の世代の鉄板はゴッドファーザーですが，法律家同士であれば，法律系の映画やドラマに関する話題も盛り上がります。女性弁護士が多いランチのときに，その当時流行っていたテレビドラマが話題になったことがありましたが，そのうちの幾つかを見ていたので，とても親しみを感じてくれたことがあります。女性弁護士たちも随分忙しいはずなのに，ちゃんと話題のドラマは押さえていました。

　また，ホテルやエアラインのトラブルの経験，食事やワイン，歴史や観光の話題も盛り上がります。ワインの話題が得意でなかったら，日本酒の話題にすり替えてうんちくを披露する方法もあります。また，マクロ経済とマーケットの話は，経営者間では天気の話のようによく話されます。株式市場，為替，金利，原油価格くらいは，今の相場を知っておきましょう。

　さらに，ユーモアも大事です。特にアメリカでは，ユーモア一つ言えないのは，頭が良くない証拠と思われますので，流行の映画の主人公の物まねでも良いですから，笑ってもらえるネタも準備しましょう。法律家同士だけでなく，一般の人にも分かりやすいものであれば，ローヤーズジョークも無難です。一般の人が法律家を小ばかにするのは，映画やドラマを見れば理解できます。また，日本人ネタもOKです。ただし，いずれも自虐的に取られて不快な思いをさせない程度にとどめておきましょう。

3　状況ごとの対応

　次に，いくつかの特徴的な場面を想定しておきましょう。

①　ショートスピーチ

　フォーマルディナーやガラディナーでは，スピーチを突然求められることがあります。特に，業務を頑張って，表彰されたり，上司の上司からお褒めの言葉をいただいたりすると，一言なんてことがあります。

　そんな時は，常に周りの人間への感謝を表すことと，自分がこの仕事を楽しんでいること，これからも全力で仕事に取り組むことを，具体例と組み合わせ

て話せば，まぁ問題なく過ごせます。特に，謝意を表したい人がその場にいるときには，その人の名前を挙げて感謝しましょう。

② エレベータートーク

顔見知りの外国人シニアマネジメントとエレベータやトイレで一緒になったときはどう振る舞うべきでしょうか。

トイレの場合は，意味のない話が多くなります。

他方，エレベータでは，最近どうしてるみたいなことも聞かれます。たとえば，先週本社に出張に行ったそうだけどどうだったとか，いくつか15秒くらいで答えられるネタを用意しておくといいでしょう[1]。

③ 移動時間

出張が一緒で，車内やラウンジで同席するときは，相手の様子を見ながら話す良い機会です。仕事の打合せがないときは積極的に利用しましょう。相手が仕事をしたいときもあるので，断ってから，雑談するのがマナーです。

話す内容は，キャリアのことでも，家族のことでも，会社の文化のことでも良いでしょう。とは言うものの，どういう話題で何を話すかは，その人の印象に影響するのは当然ですので，自分の与える印象について配慮しましょう。

せっかくの機会です。黙っていると，積極性がないと思われかねません。

4 おわりに

仕事にとって，他人からどこまで信頼され，どこまで任されるか，が重要です。信頼されず，任されない仕事ほど，遣り甲斐がなく，辛い仕事はありません。逆に，信頼され，多くのことを任された仕事は，プレッシャーも大きいでしょうが，それだけ遣り甲斐があり，達成感もあります[2]。

もちろん，仕事を通して信頼される部分が大きいのは，それが法務という仕事の専門性から見れば，当然のことです。

けれども，法務の仕事自体，全人格的な信頼関係を前提に成立します。仕事を任せられ，主導権を取るためにも，雑談力を磨きましょう。

---

1 エレベータートークについて，【3－1 三段論法】（『法務の技法』162頁）参照。
2 【2－1 主導権を取る】（『法務の技法』64頁）参照。

第5章　コミュニケーション力アップ

5－5　単語を重ねる

用語解説

　主に自分で話をする場面で，適切な単語や表現が見つからない場合に，無理をして文章を作ろうとせず，単語を並べ，単語だけで意思を伝える方法。概念相互の正確な関連性などを伝えることは難しくなるが，イメージを伝える力は，下手な文章よりも遥かに高い。

事 例　　法務部員Aは，本社からジェネラルカウンセルが来日するにあたって，日本子会社での法務部の活動状況全般を取りまとめて報告することと，Aが担当している訴訟案件の状況を報告すること，さらにジェネラルカウンセルが到着した日の夕食会への出席を命じられた。
　　Aは同僚のBに対し，報告は資料と原稿を作れば対応できるけど，どんな話をされるかわからないから，夕食会が怖い，と不安を打ち明けた。

▶ 対応例

Bは，「HearingよりもSpeaking」だとアドバスしてくれました[1]。

けれども，Aは納得できません。そうは言っても，しっかりとした構成で文章を示さないと，相手に伝わらないのではないか，やはり，責任を持った会話をするには，納得した文章を喋れなければおかしい，と反論します。

Bは，Aの生真面目さを好ましくも，しかしtoo muchと感じながら，文章で喋る意識を捨てた方が良い，むしろ単語だけで良い，と説明しました。

▶ 分 析

開き直って「HearingよりもSpeaking」と言われても，先立つものがなければ不可能ではないか，と躊躇ってしまいます。また，筆者は「語彙よりも構成力」[2]とも説明しており，それと矛盾するようにも見えます。検討しましょう。

1　単語の力

　日本語で考えてみましょう。正しく，隙がない文章が分かりやすいかというと，必ずしもそうではありません。たとえば隙のなさの理由が，予防線を張るためだったり，言いにくいことをごまかしたりするためだったりすると，予備知識がなければ，何を言っているのか分からないことになってしまいます。

　けれども，たとえば少し古いですが，踊る大捜査線の室井さんは，あまり長い文を話しません。単語だけしか口にしていない印象です。しかも，口数が少ないのに説得的で，迫力があります。

　このように，文章の力を借りなくても，単語だけで意思を伝えることは可能ですし，時にはその方が力強いメッセージを込められることすらあるのです。

　英語で話をするときも同様です。あるいは，外国語だからこそわざわざ文章にしようとして無理する必要はないのです。

　話が伝わる英語は，正しい英語である必要はなく，テストで良い点数を取る英語である必要もありません。単語を重ねればいいのです。

2　構成力

　単語を重ねるのに，構成力も何もないだろう，と思われるかもしれません。文章だからこそ構成なのであり，単語しか使わないなら構成は関係ない，構成を考えられるなら文章にすればいいじゃないか，という意見が聞こえそうです。

　けれども，単語の並べ方にも工夫の余地があります。

　たとえば，日本の法規制を外国人に伝えるとしましょう。この場合は大丈夫，この場合は駄目，この場合は大丈夫，この場合は駄目，という風にバラバラに説明しても，ルール全体を理解してもらうことはできません。

　けれども，ここで立法趣旨[3]，原則ルール，例外ルールに分けて説明してみましょう。たとえば，以下のとおりに説明するのです。

　最初に，"Purpose, balance of privacy and business"（目的，プライバシーとビジネスの調整）と説明します。

1　【6－1　HearingよりもSpeaking】152頁参照。
2　【4－1　語彙よりも構成力】（『法務の技法』188頁）参照。
3　【1－6　立法趣旨】（『法務の技法』17頁）参照。

次に，"General rule, company can't do"（原則ルール，会社はできない）と説明します。ここで，具体例を重ねても良いですね。たとえば，"Company can't do, mail, e-mail, sell data, and so on."（会社はできない。郵便，e-mail，データを売る，などなど），と言えば，具体的なイメージが伝わります。

次に，"Exceptional rule, ok. Conditions, clear permission,…,"（例外ルール，オッケー。条件，明確な許可，…）と説明します。ここで，明確な許可の具体例を重ねても良いですね。

このように，単語だけでも日本の規制を説明できます。分かりやすい構成を工夫することで，単語だけでも上手に全体を伝えることができるのです。

考えてみれば，「語彙よりも構成力」と言えるのも，難しい言葉ではなく構成力を活用しましょう，というものでした。日本語ですら語彙で困るのです。外国語ではなおさらです。しかも文章にするとかえって相手に伝わらないかもしれないレベルの英語しか使えないのです。だから，単語だけを使い，構成力の力を借りて相手に伝えれば良いのです。

構成力というと，難しく聞こえるかもしれません。

けれども，上にあげた英語を冷静に見てください。単語を並べてパワーポイントの資料を作るのとまったく同じです。それが英語になっているだけです。箇条書きで資料を作る，そのことでかえって全体像が見えます[4]。この意味で，下手に文章にするよりも，かえって相手にとっても分かりやすいのです。

文章ではなくパワーポイント，これならできそうですよね？

3　英語の訓練

単語で話す，というと，その場凌ぎの英語でしかなく，英語力がつかないのではないか，と思うかもしれません。文章がいつまで経っても使えないままじゃないか，という指摘がされそうです。

たしかに，そのままで良いと思ってしまえば，そこからの上達はありませんから，いつまでも単語だけで凌ぐ英語のままになります。

けれども，考えようによっては英語の鍛錬です。

まず，実際に英語を使うことで弱点がわかりますから，誰か他の人が上手な表現をしていることに対して敏感になり，印象に残ります。相手が表現を教え

てくれることもあります。そして，そのように苦労して手に入れた表現は，決して忘れません。本を読んだり人が喋っているのを聞いただけで理解したつもりになっている表現よりも，よっぽど記憶に定着しやすいのです[5]。

たとえば，上記の立法趣旨や原則ルール，例外ルールの説明を，今度は違う法律について行う場合を考えましょう。前回説明したときに，たとえば他の人が補足説明してくれたり，説明を受けた外国人と質問などのやり取りをしたことで，「こんなふうに説明すればいいんだ」という表現を仕入れたとします。

すると，別の法律ではありますが，同様の状況で早速仕入れた表現を活用することになります。絶好の訓練の機会です。

思い出せば，単語だけで喋っていたのが文章になり，いっちょ前に関係代名詞も試しに使いはじめた，という留学生も，留学時代の同級生にいました。暗記したり調べたりして覚えた単語を実際に使い，使える単語が増えていくと今度は文章にしてみる，という英語力の成長は，日本人にはイメージしにくいかもしれませんが，それがマッチする人も現実にいるのです。

4　おわりに

単語を重視する英語は，ヒアリングにも役立ちます。どうしても文章の流れについていこうと頑張りますが，その結果，聞き取れない表現が出て流れを掴み損ねると，そこから先はぽきっと折れたように，何も聞き取れなくなります。

けれども，文章を最初から捨ててしまい，キーワードを探して拾っていきます。頭の中で単語を組み立てて，全体をイメージするのです[6]。

これも，その場凌ぎと言われればそのとおりですが，何もわからず途方に暮れるよりは遥かにましなのです。

4　【6-3　イメージの共有】160頁参照。
5　前記注1参照。
6　前記注4参照。

第5章　コミュニケーション力アップ

5-6　流暢でない英語

> **用語解説**
>
> 外国人のように発音できない場合に，無理をして流暢な英語を話そうとせず，ひらがなのような日本語でコミュニケーションを取る方法。流暢な英語に伴うリスクを回避できるが，それなりに苦労も伴うので，覚悟が必要。

事例　生真面目な法務部員Aにとって，昭和の香り漂う法務部長が，決して流暢ではない英語なのに本社の偉い人たちと上手にコミュニケーションしていることが不思議でたまらなかった。法務部長の話す英語は，下手くそな発音なのに，その気になって大げさなジェスチャーやイントネーションを伴うもので，見ていると滑稽であり，恥ずかしく感じるものだった。

▶ 対応例

ある飲み会で，Aは思い切って自分の感想を法務部長に話しました。法務部長は，次のように説明してくれました。

最初は自分も恥ずかしかった。けれど自分にはこの方法しかない，サバイバルのために仕方ないと開き直った。でも，流暢ではない英語にも良いところがある。今は自分にはこれが合っていると思う。A君には，僕と同じ英語ではなく，もっと流暢な英語を目指して鍛錬してほしいが，コミュニケーションにもいろいろあることは知っておいてくれ，と。

▶ 分 析

これは，究極のサバイバル英語かもしれません。分かっているのに，わざと英語を流暢に喋らないのですから。

実際，流暢な英語を話すべきではない，ということは，英語で苦労してきた

数多くのビジネスマンが持っている経験であり，教訓であり，ポリシーです。

英語を流暢に話せるようになろうとしないのに，どうやってサバイバルできるのでしょうか。検討しましょう。

1 　流暢な英語のリスク

「HearingよりもSpeaking」[1]や「そのまま返す」[2]を実践して鍛えれば，きっと英語も流暢になっていきます。そのまま流暢な英語を目指し，耳やリズム感を鍛錬していって一向に構いません。むしろ，自分は流暢な英語を目指さない，と限界を引いてしまうよりも，より上を目指してほしいと思います。

けれども，上を目指す場合であっても，流暢な英語にはリスクが伴うことを認識しておく必要があります。

それは，相手が自分に対して，その話しっぷりから英語がとても上手であると誤解してしまい，難しい英語を早口でまくし立ててきたり，確認の機会も与えられずに話を切り上げられてしまったりしかねない，というものです。

日本語でもそうです。

日本語をとても流暢に話す外国人であれば，こちらの話すことを当然理解してくれると思います。けれども，それが必ずしもそうではないのです。

外国人の刑事弁護を担当したときのことです。とても流暢な日本語なので，日本で頑張っている印象を与えるため，法廷通訳を使わずに尋問を行いました。こちらから行う主尋問は，時間をかけて打合せを繰り返し，準備しましたので，とても上手に淀みなく証言を行い，主尋問は成功裏に終わりました。

ところが検察官からの反対尋問が始まると，質問に合わない頓珍漢な回答が目立ち始めました。流暢に話すことはできても，聞き取りが上手でなかったのです。もちろん，刑事法廷という異常な場で緊張し，質問の趣旨を聞き返す余裕がなかったのも事実ですが，証人尋問の様子がおかしくなってきたのは間違いありません。間もなく裁判官が，待機していた法廷通訳による通訳を指示したのです。私も，余裕をかまして笑顔で「異論ありません」と意見を述べまし

---

1 【6－1　HearingよりもSpeaking】152頁参照。
2 【6－6　そのまま返す】172頁参照。

たが，日本語が上手で頑張っている外国人を印象付けようとしていた私が，内心焦りまくっていたことは説明するまでもないでしょう。

このように，流暢な発音だけが突出し，実力以上に英語（日本語）を評価されると，実力とのギャップによってトラブルに発展する危険があるのです。

2 自分自身の適性

さらに，英語にも適性があります。合う人と合わない人がいるのです。

たとえば，東京に暮らしているのに，出身地の訛りが抜けない人がいます[3]。方言を改める気が最初からない場合（関西の方に多いように思います）もあれば，改める気があるのに改められない場合もあります（東北の方に多いように思います）。特に後者の場合は，たとえば頭の中を故郷の言葉が支配し，故郷の言葉で思考しているのが原因と思いますが，とにかく，違う言葉を身に付けることが，生理的に性に合わない場合があるのです。

人間，得意不得意は当然ですので，悲観する必要はありませんが，英語に関しても，向いていない人は確実に存在します。そのような適性が足りない人にとっては，それでも無理をしたり，挫折したりするよりも，駄目は駄目なりに適合することを考えるべきです。開き直った方が，気持ちと行動が一致してストレスが小さくなり，力も発揮できるからです。

ですから，適性がない人のためのサバイバル方法として，流暢ではない英語を使うべきです。また，これから英語で頑張らなければならない人にとってみれば，適性がないと見極めた場合であっても，それなりのサバイバル方法があると理解しておくことで，いらぬ不安に苛まれなくてすむのです。

3 流暢でない英語でも伝わるために

けれども，自分は流暢な英語を目指さないと開き直ったとしても，英語はコミュニケーションのツールです。伝わる必要もないのだ，という開き直りは尊大というものです。第一，相手に失礼であり，相手に対する甘えです。

ですから，流暢ではないが，しかし相手には伝わる，という英語を，最低限のマナーとして目指します。

それは，外国人が日本語を話す場合と少し様子が違います。英語の場合，イ

ントネーションとテンションを，最低限のマナーとして意識するのです。

このうちイントネーションですが，英語ではイントネーションも重要な要素です[4]。単語一つ一つを流暢に発音できない場合でも，要所要所を強調する，という英語固有のイントネーションを少しでも真似して，相手にとって聞き取りやすい英語を心がけるのです。できれば，大げさな表情や身振り手振りも添えてください。そして，これができれば，無理して文章で喋る必要も減ります[5]。

これは，しかし実際に話す場合にとても恥ずかしいものです。大して流暢でもないのにその気になって大げさに話をしている様子は，不器用な昭和時代の「おやじ」そのものです。流暢な英語を喋ることができれば，大げさなイントネーションや身振り手振り，表情は，むしろカッコいいものになりますが，それがダサさにつながります。悲しい現実であって，たまったものではありませんが，けれどもこれが通じるのです。流暢な英語を目指さないと決めたのですから，これくらいの恥は受け入れてください。中身で勝負すればいいのです。

また，後者のテンションです。流暢ではなくても，英語を話す人たちのテンションに自分のテンションを合わせてください。結局，イントネーションと同じですが，これによって不思議と話が通じるのです。

4　おわりに

英語は外国語であり，母国語ではないのですから，流暢な英語を目指しても苦労するし，逆に流暢な英語を諦めても恥をかきます。仕方ありません。

けれども，苦労しながらも外国語でコミュニケーションでき，しかも相手と気持ちまで通じ合えれば，これほど嬉しいことはありません。手前味噌と言われようが，自分の人間としての幅が広がったと実感できる場面です。

英語に対する適性に応じて，いくつかの方法がある，ということを理解しておいて，自分に合ったコミュニケーション方法を作り上げていきましょう。

3　【6−2　テンション】156頁参照。東京にいるなら東京の言葉を話せ，と言っているわけではありません。念のため。
4　【6−2　テンション】156頁参照。
5　【5−5　単語を重ねる】134頁参照。

第5章　コミュニケーション力アップ

5-7　Reputational Risk

> **用語解説**
>
> いわゆる風評リスクであり，これが具体化してしまうと会社経営に大きな打撃が与えられることがある。日本人同士であれば，風評リスクの一言で事の重大さを伝えることができるが，外国人はなかなか理解してくれないことがある。

事例　　会社の商品に関し，安全性に問題があり消費者の健康被害が懸念されるという，ネット上の書き込みがなされた。実際，日本の規制上は使用が許されているが，一部の欧州先進国では使用が禁じられている物質が使用されており，単なる一商品の問題ではなく，日本の規制のあり方にまで議論が広がることが懸念された。

▶ **対応例**

さっそく本社のジェネラルカウンセルにこの懸念を伝え，原料の変更や，場合によっては製造の中止も検討していることを報告したところ，本社のジェネラルカウンセルは，たしかにその懸念は分かったが，風評のリスクだけでは本社の経営は納得しないだろう，と追加の検討を指示しました。

▶ **分析**

この事例のようなことが日本の会社で発生すれば，日本の会社はどう対応するでしょうか。もちろん会社によるでしょうが，採算を度外視してでも，直ちに製造を停止して原因を明らかにし，再発防止策を策定し，緊急の記者会見を開く，などの対応を取ることが考えられます。

外資系の会社の場合はどうでしょうか。たしかに，日本に判断権限を多く委ねている会社の場合には，日本の会社と同様の対応を取ることもあり得ます。

ところが，こちらが期待したほど風評のリスクに興味を示さないことがあり

ます。この事例でも，本社の経営は風評のリスクだけでは納得しないであろうことが，明らかにされました。多くの場合，日本の会社と明らかに感覚が異なります。この感覚の違いを理解しておきましょう。

1　当事者と傍観者

1つ目は，その場にいるか，外から観察しているか，の違いです。

というのも，厳しい意見が様々なところから聞こえてくると，自分たちはすでに周囲を囲まれてしまった，大勢は決してしまった，と思いがちだからです[1]。

もちろん，日本にいるからこそ気づくべき事情も沢山ありますから，外国から見た方がすべて客観的で正しいということではありません。

けれども，敏感であるということは，過剰に受け止める危険も伴っているということです。たとえば，バブル期の日本で多くの会社が不動産投資や実力以上の投資に走っているとき，いくつかの外資系企業はそのような投資に走らず，堅実な経営にとどまり，バブル崩壊の影響を避けることができました。この多くは，バブル期の日本経済の状況を外国から客観的に分析し，日本側から上がってくる情報や希望をそのまま認めず，独自の判断を貫いたのです。

実際にこの時期に外資系企業にいた人たちの話では，せっかくの投資のチャンスを逃している，外資系企業も意外と官僚的だ，などと揶揄され悔しい思いをし，日本の状況を理解しない外国本社を恨めしく思ったそうです。

この点では，その場にいる日本側が冷静さを失っていることが原因となっている可能性を考慮に入れる必要があります。

2　証拠主義

2つ目は，説明責任[2]に関する感度の違いです。

これは，たとえば医療の世界における「エビデンス」重視の思想です。医師に対する責任追及が昔から厳しかったことが最大の原因のようですが，特にアメリカに暮らしていると，簡単な風邪でもすぐに薬を処方してくれません。い

1　【2－21　やまびこ作戦】（『法務の技法』124頁）参照。
2　【4－3　外国人の説得】100頁，【3－3　説明責任】（『法務の技法』168頁）参照。

ろいろな検査をし，薬を処方することが適切であると証明できる資料が集まるまで薬を処方してくれないので，その間に風邪が治ってしまったこともあります。挙句の果てには，正式に薬を処方するにはまだ時間がかかるけど，それまでの間，こんな民間療法があるから試してみたらどう？とか，こんな一般薬が売れているけどどう？などと言われたこともあります。

それと同様で，風評のリスクを理由に何か新しいことをしたり，現状を変えたりする場合には，外国本社の経営陣はその判断について責任追及されても責任を負わないことが確認できるまで，決してリスクを取ろうとしません。

このように，風評のリスクという抽象的な概念だけではリスクを取れないというガバナンス上の構造を考慮に入れる必要があります。

3　悪い対応

ここで，先に悪い対応から見ておきましょう。

よくあるのが，外国人は日本のことを理解していない，という理由だけで対応することです。

すなわち，客観的に見ておかしい，データで説明せよ，と本社経営側がいくら言ってきても，これらに対して正面から答えようとせず「あいつらは結局，日本のこと分かってないんだよね」という愚痴を日本で共有するだけで，風評のリスクに関する文化的な解説をただ繰り返す，という対応です。

これでは，お互いの不満が募るばかりでかえって関係を悪化させます。本社経営側は，満足に報告すらできない，自分たちを納得させることができない，したがって任せられない，と判断しかねません。

また，日本側としても，十分コミュニケーションを取れなかった理由を文化的な違いだけでしか説明できない状況から，いつまで経っても成長できません。

文化的な違いによる困難は避けられませんが，だからと言ってそれを克服しようとしなければ，トラブルの原因となってしまうのです[3]。

4　良い対応

ここまで検討すれば，良い対応も自ずと分かりますね。

それは，少なくとも上記2つの理由の両方に配慮し，文化的な違いだけを理

由にしない対応をすることです。

　まず文化的な違いですが，この点は日本と外国の違いを強調するよりも，むしろ逆に共通点を明らかにし，共感を得るように努力する方が上手くいきます。どこの国でも，風評のリスクによって経営が上手くいかなかった例はあるはずです。そこで，本社所在国で風評リスクが具体化した例を教えてもらい，それとの共通点がないかを一緒に検証する，などの方法で認識の共有を図るのです。ここで文化の違いを強調しすぎると，日本側の問題意識を理解しようとする意欲や雰囲気まで奪いかねないのです。

　次に，上記1つ目のポイント，本社側が傍観者である点ですが，ここでも，傍観者だから見えてくることをまずは謙虚に受け止めたうえで，これに対して当事者だから見えてくることとすり合わせる，ということが大事です。こっちが聞く耳を持たなければ，相手が聞く耳を持たないのも当然です。

　次に，上記2つ目のポイント，証拠主義ですが，ここでは風評リスクが具体化するとどうなるかについて，具体的にイメージできるようにします。想像力の問題であり，イメージの共有[4]が目的であり，本社経営側がリスクを取れるようにするお膳立ての問題なのです。

　このように，風評のリスクの一言で片付けようとするのではなく，本社側の共感を得て，本社側が決断できるような環境づくりを心がけましょう。

4　おわりに

　Reputationという言葉を使えばそれだけで説明できた気になってしまいますが，外国人相手ではそうはいかない，ということを理解しておきましょう。

　ところで，ここで最初にジェネラルカウンセルに相談した点は，正解でした。

　もし，いきなり本社の経営に風評のリスクだけを理由とする報告と提案を持ち込めば，検討不十分を理由に非難され，場合によっては自分自身の評価や信頼性，発言力，存在感にまで悪影響を与えたかもしれないのです[5]。

3　【4-5　契約書至上主義】108頁参照。
4　【6-3　イメージの共有】160頁参照。
5　【4-3　外国人の説得】100頁，【1-4　Report（ing）Line②】14頁参照。

第5章　コミュニケーション力アップ

5−8　TO, CC, BCC

用語解説

多くのメールソフトで採用されている，メールの宛先の種類。報告先と情報共有先を区別するなど，基本的な利用方法は日本の会社と同じだが，決裁書や稟議書の承認印の機能も兼ねている場合があること，社内政治や仕事の評価にも関わり得ること，などから，どの宛先に誰を含めるのか，慎重さが必要である。

事例

前回のプロジェクトでは，日本のCEOを宛先（TO）に，本社のジェネラルカウンセルをCCにして，メールをやり取りしていた。そこで，複数の国が関係する今回のプロジェクトでも，まったく同じ方法，すなわち日本のCEOを宛先，本社のジェネラルカウンセルをCCにして，法律事務所との打合せの結果を報告した。ところが，これを見た日本のCEOから呼び出しを受けた。メールの宛先について問題がある，とのことだった。

▶ **対応例**

日本のCEOは，普段から宛先やCCなどに頓着せず，自分がBCCのときにも全員に対する返信で割り込んできて，せっかくの配慮を台無しにすることもありました。そのCEOが宛先にこだわったので，不審に思い直接話を聞きました。

日本のCEOはなぜ自分が宛先なのか聞きました。そこで，①日本のCEOと本社のジェネラルカウンセルが報告先である点が前回と同様であること，②グループの法務が法律事務所に該当し，各国のCEOがクライアントであるという構造で考えるのがルールであるところ，まずはクライアントに報告すべき事項であって，自分はその権限を与えられていること，③結局，日本のCEOと本社のジェネラルカウンセルの両方に同時に報告が届いており，目的は達成されていること，を説明した。

これに対し，日本のCEOは，本件では日本だけでなく他の国も関わっているのだから，話はそんなに簡単ではない，宛先とCC，さらにBCCに誰を入れるかについて，本社のジェネラルカウンセルと相談するように，とアドバイスした。

▶ 分 析

メールが便利なこと，宛先を上手に使いこなすことがツールになること，は日本でも同じですので，特に説明を要しません。

ここでは，特に外国人が関与する際の特色を理解しておきましょう。

1 レポートライン

宛先の役割を理解するうえで，日本との「組織論」の違いから検討します。

日本の会社組織では，部や課のようなチームを一塊として見る傾向が強いように思われます。たとえば，誰かが急に休暇を取っても，同じチームのメンバーがその業務内容を理解しており，相当程度，代わりを務めてくれます。しかも，具体的な引継ぎがなくても，その業務内容を理解していて，かなりのレベルまでフォローしてくれます。

ところが外資系の会社では，あらかじめ引継ぎがされている場合でなければ，たとえ同じチームのメンバーであっても，我関せずであり，全く埒があきません。本人が戻ってから直接話をしてくれ，と言われるのが関の山であり，せいぜい気が利く人が，本人が戻る日がいつなのか見通しを教えてくれる程度です。

この違いがどこにあるのか，それが文化的なものなのか，などについては検討しませんが，日本の会社の方が，チームで責任を負い，チームで責任を果たす，という意識や行動が多いようです。考えてみれば，会社への定着率（転職しない率）が高い日本の会社よりも，それが低い外資系の会社の方こそ，チームでの業務管理の重要性が高いはずですが，実際には逆です。サステナビリティという言葉は，日本の会社よりも外資系の会社にこそ必要なのです。

さて，このようにチームが一塊になって機能する日本の会社に比べると，チームと言っても名ばかりで，結局は各自が自分の仕事しかしない外資系の会社で，レポートラインという概念が日本以上に重要になることは，容易に理解

されます。たとえ同じチームのメンバーでも，私のレポートラインはボスであり，あなたではない，という感じです。つまり，同じチームのメンバーですら，自分の仕事への干渉は許されるものではなく，それが許されるのは，レポートラインとして報告すべきボスや，ボスから権限が与えられている者など，明確な理由が必要なのです。

逆に，このような感覚の外資系の社員から日本の会社を見ると，チームというかにも漠然とした曖昧な関係性だけで，上司への報告と実質的に異なることのない情報共有をさせられ，ときには上司でもないのに自分の仕事について口出しや非難がなされるのですから，たまったものではありません。集団や組織のために自分を犠牲にさせられているのです。

このような，レポートラインの「組織論」上の重要性の違いが，宛先の違いに対する認識の違いの原因の一つとなるのです[1]。

2 社内政治

次に，「手続論」の観点から検討します。

社内手続，というと日本の会社の方が厳格なように感じます。実際，稟議書や決済書など，必要書類のハンコを集めるために担当者が社内を走り回っている会社も，まだまだあります。

これに対して，外資系の会社の場合にはそのような手続ではなく，権限者の決断さえあればそれで意思決定がされる，という手続の会社が多いようです。関係部門の意見聴取や確認は，権限者自身が行うことであって，自動的定型的な手続が定まっているわけではないのです[2]。

そして，このことが手続を柔軟にし，迅速にすることを可能にしています。多くの部門の意見を聞くべき重要な案件では，それぞれの意見を聞いたことを記録に残しておき，そのような必要のない案件では，権限者の責任で迅速に意思決定してしまうのです。

けれども，このように手続が柔軟であるからこそ，メールの宛先が重要な問

---

1 【1−3 Report（ing）Line①】10頁，【1−4 Report（ing）Line②】14頁参照。
2 【4−2 根回し】96頁参照。

題となってきます。メールでの報告や返事が，稟議書や決裁書での，権限者や同意者のハンコの代わりになる場合もある，と考えれば分かりやすいでしょう。

　すなわち，たとえば財務上の問題がある案件で，財務の責任者から権限者あてに確認のメールが来るからこそ意味があるのであり，それが財務の担当者から来た場合であったり，財務の担当者が財務の責任者に宛てた場合であったりすれば，それはまだ検討過程にすぎないことになりかねません。

　本件の事案は日本だけで完結する案件ではなく，複数の国に跨る案件です。複数の国に跨る案件の一般的な意思決定手続がどうなっているのか，さらにこの案件固有の手続はないのか，事案だけでははっきりしませんが，日本の正式な見解や検討結果であれば，日本のCEOから権限者に対してメールすべきでしょうし，法的な見解や検討結果であれば，本社のジェネラルカウンセルが意見を取りまとめたうえで，メールすべきでしょう。

　さらに，レポートラインを外れた報告は，ボスに対する不服従と取られる危険すらあるのです。

3　おわりに

　普段，CEOが無頓着でいられるのは，日本国内で完結するプロセスだからです。おそらく，純粋な日本の会社ほどではないにしろ，正式な意思決定手続が比較的しっかりしているからこそ，そうではないメールのやり取りは比較的自由な意見交換の場，とも捉えられるのです。

　ところが，複数の国に跨る場合には，グループ全体のルール，すなわち権限者によるプロセスの管理を中心とした手続によって支配されます。気楽な意見交換のメールのつもりが同意を与えたと見なされてしまったり，本来のレポートラインを逸脱するものと悪評化を受けてしまったり，必要な報告がいつまでもなされないと見なされてしまったりする危険もあるのです。

　CEOは，教育的な配慮と，日本のビジネスのためと，自分自身の保身のために，メールの宛先を確認するように指示したのです。しかも，慎重を期して本社のジェネラルカウンセルに相談するように指示しました。

　組織，意思決定，社内政治などが絡む問題では，本社のジェネラルカウンセルに相談するのが何よりなのです。

第6章

英語力アップ

第6章 英語力アップ

6−1 *HearingよりもSpeaking*

用語解説

英語上達のために，Hearingを先に仕上げるのではなく，まずはSpeakingという発想。HearingができなければSpeakingに進めない，という呪縛が特に強い昭和世代にこそ有効。実際に使ってみて初めて問題意識が明確になる，という事象を英語に応用したもの。

事例

法務部員Aは，本社からジェネラルカウンセルJが来日するにあたって，日本支店での法務部の活動状況全般を取りまとめて報告することと，Aが担当している訴訟案件の状況を報告すること，さらにジェネラルカウンセルが到着した日の夕食会に出席すること，を命じられた。

Aは同僚のBに対し，報告は資料と原稿を作れば対応できるけど，どんな話をされるかわからないから，夕食会が怖い，と不安を打ち明けた。

▶対応例

Bは，せっかく美味しいものがタダで食べられるのに，そんなんじゃ味も分からないだろう，代わってあげたいくらいだ，と憎まれ口を言いました。

そのうえで，聞こうとするとかえって疲れる，何でもいいから自分のことを話せばいい，とアドバイスしました。

▶分析

会社では，他人の話す英語を理解すべき場面の方が，自ら英語を話すべき場面よりも多いかもしれません。けれども，意識的に自ら英語を話した方が，ストレスも抑えられますし，英語力も伸びます。

検討しましょう。

1　聞くストレス

　人の話を聞く方が，自分から話すよりも楽，と思うかもしれません。

　けれども，レジュメや資料を見ながら力を抜いて適当に聞き流せるような講演でなく，他人同士の会話の聞き役に徹する食事会をイメージしてください。

　これが仮に日本語であっても，他人同士の会話は，他人間での話の流れに自分を合わせるだけでなく，他人間の暗黙の了解や当然の前提とされている事柄が出てきて，なかなか理解しにくいものです。

　まして外国語です。他人同士の会話を理解するのは至難の業です。聞き取れなくてもむしろ当然，英語コンプレックスになる必要は全くないはずです。

　むしろ，自分の得意分野での会話に持ち込みましょう。自分から話題を設定するために，自分から話を積極的にするのです。

　だからと言って"How about ...？"など単にキーワードを示すだけでは，話を振られるほうも困ってしまいます。場合によっては不快にさせかねません。自分も相手も興味を持てる話題を具体的に提案すべきであって，そうは言っても簡単ではありません。けれども，自分にとってなじみのない他人同士の話を聞くよりはるかに会話の内容が理解できるはずです。英語以外の負荷を減らすだけで，英語の理解が随分としやすくなりますから，そのためにもこちらから話しかけるように心がけるのです。

2　聞き返す度胸

　次に，英語を自分の方から話すように普段から心がけることによって，相手の話が分からないときに聞き返したり，質問したりすることが容易になります。

　ところで，なぜ聞き返すことや質問が重要なのでしょうか。

　それは，英語でコミュニケーションする場合，控えめな自分の気持ちを汲み取ってもらうことを期待できないからです。英語でのコミュニケーションは自己責任の世界です。分からないのに質問もせず，その結果問題が起こっても，誰もかばってくれず，誰も同情してくれません。相手は，英語が分からない自分を非難しているのではなく，気が利かないだけなのですが，だからこそ分からないことを質問しない自分が悪いのです。

　たとえばロースクールの授業でも，質問やリクエストがなければわざわざ簡

単な表現に言い直してくれません。けれども，ちゃんと説明すれば，発表の際，外国人学生だけ手控えを見ながら発表することを許可してくれたりします。つまり，英語が分からない，と堂々と言えば良く，何だ，初めからそう言えよ，と実に大らかに受け入れてくれたのです。このように，上手に聞き返したり質問したりすることが，英語でサバイバルするうえでとても大切なのです。

　そして，自分から話をする癖をつけておくと，第1に，自分から話をする度胸がつき，相手の話を遮って質問することも躊躇しなくなります。

　聞き返すことに躊躇している心理状態にもいろいろあるのでしょうが，英語が分からなくてすみません，勉強不足ですみません，話の流れを遮ると申し訳ないです，初歩的な質問は恥ずかしい，など，謙遜や謙譲の気持ちが大きく影響している場合が多いようです。

　けれども，このような恥じらいを脱ぎ捨てて自分から話をする癖を普段からつけておくと，咄嗟の事態にも躊躇せず自然に発言できるようになるのです。

　第2に，ポイントを突くことができるようになる，という意味があります。

　日本語で会話をするときもそうですが，会話の流れを把握し，その流れに上手に乗って話をしたり，会話がうまくつながるような質問をしたりすることは，普段から会話をしていないと，なかなか難しいものです。しかもその相手が，普段あまり会話をしない人の場合には，これがより一層難しくなります。

　ところが，自分から話をする癖を普段からつけておくと，英語を使って話の流れに乗っていくポイントや，相手が理解しやすくて答えやすい質問のポイントが，自ずと身についてきます。壁に向かってブツブツ独り言を言うのではなく，相手に理解してもらいながら，その様子を確認しながら話をするのですから，英語で話をすることは，相手の理解しやすい英語を使えるようになるうえで，不可欠です。

　このように，英語で自ら話をする癖をつけておくことが，聞き返したり質問したりするうえで，とても良い訓練になるのです。これが，度胸につながり，サバイバルにつながります。

3　弱点の認識

　次に，自分から英語で話をすることで自分の英語の弱点が明確になります。

これは，実際に南米の留学生と日本の留学生の違いに顕著でした。
　南米の留学生には，ひどい英語でもぜんぜん気にせず，積極的に話をするタイプが多く，日本の留学生には，文法や語彙的に文句のない英語なのに，自分から話をしないタイプが多い，という印象です。そして，日本の留学生が自分から話をしない理由としてよく聞くのが，「もっとヒアリングができるようになったら話をするよ」というものです。
　これが，1年経ってみると，結果は明白です。南米の留学生は，文法や語彙だけでなく，発音もかなりのレベルに上がっていますが，日本の留学生は未だに英語でコミュニケーションを上手に取れないのです。
　自分も，積極的に話をするように心がけてみて分かってきたのですが，自分から話をして初めて，表現できないことにぶつかります。そして，どのように表現したらいいのか分からない，という問題意識を持っているので，たとえば他の場面で他人が話しているのを聞いて，「こんな風に表現すれば良いんだ！」と気づいたり，その場で相手から，表現の仕方を教えてもらえたりします。しかも苦労して覚えた表現方法です。他の場面での応用が利きますし，聞き落とすこともなく，ヒアリング能力まで上がるのです。
　直面しているのは英語の試験ではなく，英語でのコミュニケーションです。そこでは，話をする能力からトレーニングすることで，ヒアリング能力も含めたコミュニケーション能力全体が，引き上げられるのです。
　それは，実際に使ってみることで道具の使い勝手や改良すべき点に気づくのと，全く同じ感覚なのです。

4　おわりに

　英語はサバイバルのためのツールです。ツールですから，まずは使ってみましょう。インターネットや携帯が何故つながるのかを知らなくてもスマホを使いこなすことはできます。ツールの構造や特別な機能は，必要に応じて調べれば良いのです。

第6章　英語力アップ

6−2　テンション

用語解説

英語には英語のテンションがあり，日本語のテンションよりも高い。自分のテンションを，この英語のテンションに合わせることで，相手と気持ちがつながり，ヒアリングもスピーキングも，不思議と一皮剥ける。相手とテンションを合わせることは，コミュニケーション力を高めるツールにもなる。

事例

法務部員Aは，英語力を伸ばすために，相手を冷静に見つめて英語を分析し，自分自身も落ち着いて話をするよう心がけている。実際，仕事に必要なやり取りが以前よりもスムーズになったと手応えを感じている。

他方，同僚のBは，外国人との会話で盛り上がるなど，仕事以外の場面でも英語を使いこなしており，AはBにコツを聞いてみた。

▶対応例

交換留学生だったBは，足を組みながらAの話を聞いています。肌に悪いから，とタバコは吸いませんが，冬でもビールをジョッキで大飲みします。しかも今は夏ですから，Bはまるで水のようにビールをがぶ飲みしています。

「あのさ，私の喋ってる英語，文法的に正しいものばかりじゃないんだよね」

突然のことで，Aは少しびっくりしました。Aはとても真面目なのです。6時過ぎたビアホールで，夏なのにネクタイをしています。

「そ，それは…」

「いや，ブロークンな英語や下品な英語を話している，って意味じゃないのよ。そんなんじゃ，ビジネス英語じゃないし，失礼だし」

「え？　失礼な英語？」

「そう。帰国子女や留学経験者のような，本当は英語が得意なはずの友達が

英語で失敗するのを見てきたけど，その原因は，ビジネス英語を使えないこと。学生のような幼稚で失礼な英語をビジネスでもそのまま使って，フランクなコミュニケーションしているって，勘違いしているわけ。日本でも，失礼な言葉遣いする若造って，相手にされないでしょ？　それと同じ」

「そうなんだ，学生英語と社会人英語，違うんだ，知らなかった…」

「うん，そのことも，今度教えて上げるね」

Bは，半分残っていたビールを一気に飲み干しました。手を上げて注意を引き，ジョッキを指差し，遠くにいる店員におかわりを注文しています。

そうなのかな，Aは何だか腑に落ちません。

「あのさ，フランクな英語じゃなくてビジネス英語なのに，どうしてあんなに会話が盛り上がるのか，本当はフランクな英語を使ってるんじゃないか，と思ってない？」

そうです，違和感の源はきっとこれです。あ，その通りだよ，とびっくりした表情をしているに違いありません。

「テンションよ」

「テンション？」

Bと話をすると，Aはいつも振り回されます。

「そう，テンション。英語のテンションがあって，そのテンションにスイッチを入れると，頭の中の言葉が，日本語から英語に切り替わるの。分かるかな，この感覚？」

ぶんぶん首を振りました。ぶんぶん振り回されています。

「A君って，確か福島の郡山だよね？　私のお父さんが福島の会津出身だから覚えてるの」

覚えていてくれたんだ，少し嬉しくなって，Aはビールを一口飲みました。照れ隠しです。また振り回されたことに気づいていません。

「同じ郡山の友達でも，福島弁が抜けない人がいるでしょ？　A君なんかは標準語喋ってるけど，その違いを考えたことある？」

ぶんぶん首を振りました。

「お父さんが言ってたの。福島弁が抜けないやつは，頭の中，福島弁で考えてるんだ，って」

「あ、その感覚、少し分かるかも」

「やっぱり。お父さんはね、東北自動車道を東京に向かっているときにそれに気づいたんだって。ゆったりとした東北自動車道で、スピード出した車が急に目の前に車線変更してきたとき、『おめ、危ねぇでねぇか、ゆっくり走れ、急ぐんでね』って感じで、福島弁で怒ってるんだって。どう、今の福島弁、なかなか上手じゃなあい？『かきくけこ』を『がぎぐげご』みたいに発音するのがコツだって教わったわ」

「うん、結構うまいと思うよ」

「それも福島弁で言ってくれると雰囲気出るんだけどなぁ。まあ良いわ」

Bが、届いたばかりのビールを、また一気に3分の1ほど飲み干しました。

「ところが東京に入ってそのまま首都高を走っているときに、その急なカーブと戦っているところで同じように割り込まれると、『このやろう、危ねえじゃねえか、ぶっ殺すぞ！』って感じで、頭の中が標準弁なんだって。東京のテンションに入ってるのよね」

Bが、ソーセージにフォークを突き刺して、頬張りました。パリ、と良い音がします。つられてAは、ぬるくなっている残りのビールを飲み干しました。大事なことを話しているようです。喉が渇いてきました。

「お父さん、30歳過ぎてから英語で苦労したけど、福島弁と標準語のスイッチと同じことを英語でもやれば良いと気づいたんだって。私が交換留学に行くときに、自分は英語が上手じゃないからあまりアドバイスできないけど、英語のスイッチを見つけてこい、って言ってくれたの。東北自動車道の話とスイッチの話ばかり、何回も何回も。お母さんは、田舎臭いこと言わないで、もっと役に立ちそうなアドバイスはないの、って馬鹿にしてたけど、今から思えば、アメリカで実際に暮らしてみて、このアドバイスが一番役に立ったわ」

「だから、ビジネス英語を使っていても、テンションを合わせれば良いの。英語自体はビジネス英語でも、明るいテンションにすれば話は盛り上がるし、悲しいけれどもどこかに前向きな気持ちを込めれば、深い話ができるの」

なるほど、Aはうなずきながら、届いたばかりのジョッキのビールを少し飲みました。とても冷えていて、おいしく感じました。

「そうだ、A君、何か福島弁で喋って」

「え？ 今？ 何を？」
「何でも良いから。A君が福島弁喋るの，聞いたことないから聞かせてよ」
「そ，急に言われても，でも，そうだな…。『いんやぁ，なかなか話さ聞かせてもらえて，まんず，えがったよ，ありがとね』って感じで，どう？」
「そうそう，やっぱり本物ね，うちのお父さんみたい。郡山と会津は言葉が違う，とか威張ってるけど，私には同じに聞こえるわ」

Aは立て続けにビールです。やはり，照れます。気づいていませんが，Aは振り回されるのが好きなのです。

「でさ，今の自分の頭の中振り返ったら福島弁のテンションだったでしょ？あるいは，福島弁のリズムっていうか」
「あ，その感じ，分かる」
「それなの，英語で話しているときには，標準弁よりもさらに高いテンションだけど，そのテンションに気持ちを持っていくの。そうすると，多少文法的に正しくない英語でも，恥ずかしがらずに喋れるし，多少分からない表現が混ざっていても，不思議に相手の言ってることが理解できちゃうの」
「ふーん，そんなもんかな」
「そう，不思議だけど本当にそうなの」

Bは，ビールをさらに3分の1飲み干して，少し考えた様子です。

「日本語のテンションで正しい英語を喋っても，それなりに上手としか評価されないのに，英語のテンションだったら，多少間違えた英語でもとても上手だと褒められるのよ。だから，A君も英語のテンションを意識すれば良いわ」
「え，できないよ，僕，帰国子女でも交換留学生でもないから」
「できるわよ，福島弁と標準語を切り替えられるんだから。頑張って！」

▶ 分 析

意識とロジックと言語と気分は，きっと結びついています。
はしゃぐ必要はないのですが，ビジネス英語として失礼のない英語で，けれどもテンションを高める，ということを意識してみてください。最初は恥ずかしいですが，そこを乗り越えると，このスイッチの感覚が分かるはずです。

第6章　英語力アップ

6−3　イメージの共有

> **用語解説**
>
> 　単語や表現に振り回され，単語や表現自体が目的になってしまうと，HearingもSpeakingもうまくいかない。大局を見る意識を実践するために，相手方とイメージを共有することを意識すればよい。

▶ 事例

　法務部員Aは，本社からジェネラルカウンセルが来日するにあたって，日本子会社での法務部の活動状況全般を取りまとめて報告することと，Aが担当している訴訟案件の状況を報告すること，さらにジェネラルカウンセルが到着した日の夕食会への出席を命じられた。
　Aは同僚のBに対し，報告は資料と原稿を作れば対応できるけど，どんな話をされるかわからないから，夕食会が怖い，と不安を打ち明けた。

▶ 対応例

　Bは，せっかく美味しいものがタダで食べられるのに，そんなんじゃ味も分からないだろう，代わってあげたいくらいだ，と憎まれ口を言いました。
　そのうえで，言葉で理解しようとするとかえって疲れる，相手が伝えたいイメージを絵で理解し，自分が伝えたいことをイメージで伝えるつもりで会話すればいい，とアドバイスしました。

▶ 分析

　私の学生時代，「プレーン」な英語という方法論が流行りました。その当時に頑張ってこのプレーンな英語を身に付けておけば，その後の人生も少し違っていたはずです。イメージの共有は，これと似た発想です。
　会話でのポイントは，「肩の力を抜く」「獲得目標が定まる」「柔軟になる」の3点です。検討しましょう。

1 肩の力を抜く

　最初に，自分が喋っている日本語を振り返りましょう。
　そんなに正しい文法で，しかも適切な単語を迷いなく選択し，淀みなく喋れていますか？
　まず，文法に合致していません。「ぜんぜんオッケー！（ぜんぜん…ない，のはず）」なんて間違いは，間違いの部類にすら入りません。「…でよろしかったでしょうか？（居酒屋／コンビニ系）」も可愛いものです。断定できず，結論が出せず，だらだらと文章が長くなり，主語に対応する述語がなくなってしまうことも，よくあることです。
　単語も，ぴったりとした単語が思い浮かばず，「ほら，あれだよ，あれ，道路脇の，赤い入れ物で，郵便を放り込むやつで，あ，そうそう，ポスト，ポスト」と相手の助けを借りることも，よくありますね？
　さらに，悩みながら話しているときです。話しながら考えをまとめているとき，それを文字にしたらひどいものです。
　外国人の会話をよくよく聞いていると，英語も全く同じです。
　文法的に，三単現のSが落ちていることが結構あります。英語圏の人も，単語を思い出せずに相手の助けを借りていますし，言いにくいことは同じように言い淀んでいます。
　ましてや，我々にとって外国語です。
　間違えて当然だ，洗練された英語力を見せる必要はない，イメージさえ共有できれば良い，と考えることで，随分と肩の力が抜けるのです。そうです，言葉はツールでしかなくて，それ自体が目的ではないのです。

2 獲得目標が定まる

　言葉がツールだからと言って，本来の目的を取り違えてはいけません。
　たとえば，自分の言いたいことを一方的に吐き出すツールではありません。言うまでもなく，コミュニケーションのツールです。つまり，相手と意思疎通することが目的なのです。
　だからといって，堅苦しく考え，正確にコミュニケーションしようと力んでしまうと，正しい文法，的確な語彙，淀みない流暢な発音，という方向に戻っ

てしまいます。言葉自体に意識が持っていかれてしまい，かえってコミュニケーションが取りにくくなるのです。

むしろ，一歩引いてみましょう。

漫画の中で複数の登場人物が同じことを想像している絵がありますね。いずれの当事者からもシャボン玉のような吹き出しが空に向かって繋がっていて，そこに関係者共有の大きな吹き出しと大きな絵が描かれています。この「共通のイメージ」を獲得目標にすればいいのです。

そうすると，たとえば自分が話をする場合です。文法的に精緻にするために関係代名詞や複雑な時制を優雅に使いこなし，肝心な中身のある単語の比重を薄くしてしまうよりも，シンプルな構文，あるいは文章に頼らず，中身のある単語をたっぷり使った方が，伝わる絵も濃く，輪郭がはっきりします[1]。

相手の話を聞く場合も，何が言いたいんだ？に意識を集中できます。下手をすると，すぐに理解できなかった表現の意味を考え始めてしまい，進行している話が耳に入らなくなります。

ところが，日本語ではどのようにしているでしょうか？多少聞き取れない表現があっても，それで立ちすくんでしまったりしません。イメージを探しながら，何が言いたいんだ？と聞いているはずです。相手の話を追いかけるよりも，結論を待ち構えて話を聞いていますので，多少言葉を聞きそびれても話を理解できるのです。どのような言葉やどのような言い回しをしているのか，というところではなく，「イメージ」を掴もうと話を聞いているはずであり，それを英語でも心がければ良いのです。「イメージ」を獲得目標にすることで，正確な表現は分からなくても，相手を理解できる可能性が高まります。

3　柔軟になる

正しい英語を意識しすぎると，硬直になります。

まず，自分が話す場合です。

しっかりと正しく関係性を示しながら話をしようとして，頭の中で関係詞や複雑な時制を駆使した文を作り上げ，話し始めたとしましょう。けれども話の

1　【5-5　単語を重ねる】134頁参照。

途中，相手から，お前の言いたいことは分かった，けど俺が聞きたいのはそこじゃない，という様子がうかがえたとしても，すぐに話を打ち切ったり，方向転換することができなくなります。文章が出来上がっていますので，途中で打ち切ると意味がおかしくなります。また，中身のある単語の比重が薄いことから，文章を最後まで話し，中身のある単語を出し切らなければ，イメージを結ぶべきパーツが足りない，という事態になってしまいます。

他方，イメージの共有を目指している場合，中身のある単語が早い段階で出尽くしますので，予定した話を簡単に切り上げることができます。正しい英語が目的ではないから，打ち切ることに抵抗もありません。しかも，イメージが伝わっているかどうか，相手の反応を見ながら話しますので，足りなければ説明を厚くしたり，違う切り口で説明したり，同じことを違う表現で説明したりするなど，工夫しながら対応できるのです。

相手の話を聞く場面でも同様です。

正しい英語へのこだわりが強すぎると，相手が正しい英語を話しているはずであり，それを理解できないのは自分の英語力に問題があると思ってしまいますが，上記のとおり，そもそも英語圏の人も正しい英語を喋っているとは限りません。こちらの反応を見ながら路線変更した場合には，文章をぶった切ったり，突然変更したりしますので，正しい英語を追いかけていると大混乱です。

ところが，ここでイメージを掴もうという意識で話を聞いている場合には，文法上の乱れに振り回されなくなります。むしろ，文法が乱れているのは，話を途中で変えようとしているサインであると気付くことができます。

4 おわりに

さらに，イメージの共有は，ビジネスのツールとしても使えますが[2]，純粋にコミュニケーションの問題に限定するとしても，英語に取り組む自分自身の意識を再検討する機会になります。

ぜひ，イメージのキャッチボールを楽しめるように，意識を変えて気楽に英語に取り組んでください。

---

2 【1－1　最悪シナリオ】（『法務の技法』2頁）参照。

6-4 シャドウィング

用語解説

ネイティブの喋る英語の直後に，そっくりそのまま同じ英語を喋りながら追いかける，という英語の勉強方法。英語表現を丸暗記するのではなく，聞こえてくる英語を直接映像化し，頭の中の映像を直接英語にする，という意識で訓練することがコツ。英語とイメージを直結させる効果がある。

事例

自分の方から積極的に話をすることに慣れてきた法務部員Aにとって，次の悩みは，相手の言葉にすぐに反応することだった。単語や表現を増やせばヒアリングの精度も上がり，反応スピードも上がると言われ，真面目に単語や表現を暗記しているが，かえって頭で聞くようになってしまい，反応スピードが上がっている実感がない。そこで，外国人とテンポよく会話をしている同僚のBに，勉強方法を相談した。

▶ 対応例

Bは，Aの質問に間髪を入れず，シャドウィングで訓練することを薦めてくれました。せっかくの単語や表現の暗記もそのまま続けていけば，それを消化することになるし，さらに，日本語を使わないで直接英語でコミュニケーションを取る感覚がわかる，と言うのです。

▶ 分析

本来，英語の勉強方法を題材にするつもりはなかったのですが，このシャドウィングは，本書でコミュニケーションの基本と位置付けている他のテーマと密接に関係しますので，紹介したいと思います。

1　シャドウィング

　シャドウィングは，ネイティブの話す英語を聞きながら，その1秒，2秒後にその英語を追いかけて自分自身も全く同じ内容を話す，という勉強方法です。影のように付いていくのでシャドウィングです。ボクシングではありません。

　私の場合，教材はCNN English Expressでした。月刊誌で，前月のCNNニュースの中から選ばれた様々な「英語」について，英文とその日本語訳が記載されており，当時は，付録のCDでヒアリングができました。当初は話数をこなせませんので，せっかく買ってもそのうちの1話（数秒）しか使わないということもありました。

　実際の勉強ですが，最初は，英語と日本語を両方見ながらHearingします。コツは，イメージを思い浮かべながらHearingすることです。

　イメージが浮かぶようになってきたら，Speakingを始めます。日本語訳と英文の力を借りながら始めますが，目標はそのような助けなしにSpeakingできるようになること。その気になって，発音やイントネーションまで大げさに真似できれば良いですね[1]。

　最終的な目標は，①英語で直接イメージを思い描けるようになることと，②イメージを直接英語で表現できるようになることです。耳に入る英語を，その直後に考える時間を与えずに，すなわち日本語に翻訳したり，日本語から翻訳したりせず，英語とイメージを直接結び付けるのです。

　シャドウィングの勉強方法に関する詳細は，各種書籍や英会話学校などに委ねますが，何を目的にして，どのように勉強するのか，お分かりいただけたと思います。

2　シャドウィングの有効性

　ここで，シャドウィングがなぜ有効なのかを確認しておきましょう。

　第1に，英語を聞くHearingの場面ですが，細かい表現や文章の構造までしっかりと意識して聞きとる訓練になります。もちろん，普段の会話ではキーワードを追いかけるので手一杯かもしれませんが[2]，だからこそ細かい表現ま

1　【6—6　そのまま返す】172頁参照。

でしっかりと聞き取る訓練をするのです。

　第2に，英語を話すSpeakingの場面ですが，イメージを直接英語に結び付けますので，英語で話をするコツを身に付けることができます。英語は，聞くことよりも先に話すことが大切だと思いますが，イメージを直接英語に結び付けて話す訓練をすることで，その基礎を構築できます[3]。

　このことをより具体的にするために，英会話を苦手とする人の思考過程を分析しましょう。

　まず，英語のニュースや講演などを，一方的に聞く場面から検討します。英語を聞くと，まず英語の文章を頭の中にタイプします。そして，これを日本語に翻訳し，何を言っているのかを理解します。イメージは，日本語に翻訳する過程で浮かんできます。問題は，日本語への翻訳や映像化の過程です。翻訳をしながら，同時進行で次の英語を聞き取らなければなりません。日本語に翻訳し，映像化する作業と，英語を聞き取る作業が，同時並行で進んでいるから，聞き取りに失敗しやすくなるのです。

　このように考えると，むしろ会話の方が楽です。相手の言葉を日本語に翻訳し，映像化し，それに対する自分からの反応を日本語にまとめ，英語に翻訳する，という作業について，同時並行で進める必要性が低いからです。

　けれどもその間相手を待たせますので，会話のスピードは上がりません。日本語での会話を考えればわかりますが，会話にはテンポがあり，テンポがなければ会話は弾みません。発言1つ1つにゆったりと間を取るやり取りは，国会の委員会での答弁みたいなもので，隙ができないかもしれませんが，リスクを出し合ったり，お互いに知恵を出し合ったりする会話には向いていません。

　さらに問題なのは，それでも会話がそれなりに成り立ちますから，イメージを直接やり取りし，イメージを直接共有する会話を実感する機会がないことです。イメージをやり取りする英語という次のステージに進めない（進むイメージすらない）ことになるのです。

　ところが，シャドウィングは，日本語を介さずにイメージをやり取りすることを，強制的に訓練します。上記シャドウィングの説明で，イメージを描くことを特に何度も注意しているのは，このことを意味します。ここで，字面だけ暗記し，字面だけ追いかけることができるようになったとしても，それでは意

味がありません。耳から入る英語にイメージが結びつき，イメージが口から出ていく英語にしていく訓練なのです。

　そうすると，まず英語のニュースや講演などを，一方的に聞く場面で，同時並行の問題が解消されます。英語から直接イメージを描けますので，翻訳の作業を同時並行する必要性が低くなるからです。

　また，会話の場面でも，会話にテンポが出てきます。相手の発言を聞きながら同時にそのイメージが構築されていき，そこで浮かんだ自分の頭の中のイメージを直接英語で相手に返せるからです。

　さらに，より根本的な問題の解決につながります。それは，日本語のテンションではなく英語のテンションに合わせることを容易にすることです[4]。

　というのも，英語を日本語に翻訳し，日本語で相手の言いたいことをイメージし，自分の言いたいイメージを日本語にし，日本語を英語に翻訳する，という作業を考えてみましょう。これらの過程の大部分は日本語です。日本語を使って考えているのに，英語のテンションというのは，やろうと思えばできることでしょうが，簡単なことではありません。また，とても疲れる作業です。

　やはり，思考過程から日本語の要素を取り除くからこそ，英語のテンションに合わせることが容易になるのです。

3　おわりに

　英語の勉強に関して言えば，シャドウィングと英単語の暗記を組み合わせると効果的です。喋っているうちに自然と語彙が増えるのは，20歳までの若い脳にだけできることです。無理して覚えた単語や表現を，シャドウィングや会話の中で実際に使うことで定着させていくのです。

　このように，シャドウィングだけで英語が上達するとは言いませんが，英語で行き詰まっている人に，次の段階をイメージさせ，壁を突破する機会を与えてくれます。私がそうでした。

　ぜひ，シャドウィングを試してください。

2　【5−5　単語を重ねる】134頁，【6−3　イメージの共有】160頁参照。
3　【6−1　HearingよりもSpeaking】152頁参照。
4　【6−2　テンション】156頁参照。

第6章　英語力アップ

6-5　日本人の視線

> **用語解説**
>
> 　英語でコミュニケーションを取るときに，同じ場にいる日本人が気になってしまい，身が入らなくなる場合がある。しかし，日本人と英語の場を共通にする機会を逃れることはできないので，日本人がいても英語でスムーズにコミュニケーションが取れるように慣れておくことが必要。

事例　　生真面目な法務部員Aは，会食の際，ジェネラルカウンセルとスムーズにコミュニケーションを取れたことから，積極的に英語を使う機会を増やして，英語力を鍛錬したいと考えている。張り切って本社との電話会議に参加し，自ら報告し，質問に回答していたが，他の参加者が気になって思うようにコミュニケーションが取れなかった。そこでAは，同僚のBに英語でのコミュニケーションについて相談した。

▶ 対応例

　Bは，自分が留学したときのこと，会社でのことなど，具体例を交えてアドバイスをしてくれました。同じ日本人を嫌いになったり，馬鹿にしたりしたこともあるが，今は一緒に頑張っている仲間だ，という話でした。

▶ 分析

　英語で会話する際，自分以外すべて外国人だと上手くいくけれども，そこに自分以外の日本人も混ざると，とたんにギクシャクすることがあります。
　けれども，ビジネスで英語を使う場面には，多くの場合，自分以外の日本人も一緒でしょう。日本人が自分だけではないから英語がうまく話せない，などという言い訳は通用しません。
　ではどのように克服すべきなのか，検討しましょう。

1　日本人がいないときの英語

　日本人がいないときには英語が上手くなるのは本当でしょうか。それは何故でしょうか。

　まず，日本人がいないときに英語が上手くなる点ですが，これは本当です。

　たとえば留学時代です。私は30代半ばからの留学です。遅いことを自覚していたので，意識的に現地の学生に入り込むようにし，日本人留学生で必要以上に群れないように心がけました。すると，日本人留学生がいないときの方が，日本人留学生がいるときよりも，上手に英語が話せたのです。

　同様のことは，帰国後しばらく続きました。

　外国人とたとえば電話で直接話をしているときの方が，日本人の混ざった会議のときよりも，上手に英語が話せたのです。

　その理由については，他の部分で検討したところが参考になります。

　すなわち，1つ目の理由はテンションです[1]。英語のテンションに合わせることで，不思議とコミュニケーションがスムーズになります。そのために自分自身のテンションを上げるのです。外国人だらけの中にいると，皆がそのテンションを持っていますから，自分だけが異なる雰囲気に閉じこもるわけにはいきません。嫌でもテンションが高まり，その結果コミュニケーションが上手になるのです。

　ところが，そこに日本人が混ざっていると，その場のテンションが必ずしも上がりません。場の雰囲気自体が少しギクシャクしてきます。その中で，自分だけ他の外国人と同じテンションに合わせるとどうなるでしょうか。同じようにその場のテンションに合わせてくる日本人であれば，全く問題ありません。けれども，場のテンションに自分のテンションを合わせることに慣れていない人がいるとどうなるでしょうか。

　置いていかないで，と縋るような目で見つめてくる人がいます。お前だけ何カッコつけてるんだ，と妬むような目で見つめてくる人がいます。あなたたちも頑張ってテンションを合わせてくれないと困るのに，これでは自分だけハシャイで，馬鹿みたいです。後で何を言われるか分かりません。

1　【6-2　テンション】156頁参照。

そんな事情で，場のテンションに合わせられなくなり，英語でのコミュニケーションに集中できなくなってしまうのです。

2つ目の理由は英語の正確性です。

文章や発音など英語として完全ではなくても，テンションとイントネーションを頑張れば，きっと相手も分かってくれて，英語でコミュニケーションが取れます[2]。

けれども，上記のようなテンションの問題だけでなく，英語の正確性の問題も生じてしまうのです。

すなわち，自分の下手な英語を，他の日本人たちはじっと観察しています。正直なところ，後になってから「お前の英語はここがおかしい」「あんなときにこんな表現はしない」「同じ日本人として恥ずかしい」と言われると凹みます。自分は何も発言せず，盛り上がった会話をむしろ冷やかに見ているだけだったのに，会話に積極的に参加していた自分の英語の表面的な能力をあれこれ言われるのは，何とも情けない気持ちになるものです。

こんなこともあり，他の日本人がいると，恥ずかしくない正しい英語を話さなければならない，という監視が付いた気分になり，英語でコミュニケーションを取ることに躊躇いが生ずることになるのです。

2　克服の方法

克服には，すなわち他の日本人がいてもテンションを合わせ，恥ずかしげもなくイントネーションをつけて話をするために，どうすればいいでしょうか。

一番の方法は，開き直ることです。

自分は英語が上手ではないからテンションを合わせ，イントネーションをつけるしか英語を伝える方法はないのだ，と開き直って恥を捨てるのです。そうすると，周囲もそのような人だと思ってくれますし，自分も慣れてきます。

また，職場は実際に思うほど，また留学時代に感じたほど，やりにくさを感じません。もっと英語の下手な人が沢山いて，下手だからと笑っていられない状況にあるからです。お互い必死であることが分かっているのです。

2　【5－5　単語を重ねる】134頁，【5－6　流暢でない英語】138頁参照。

むしろ，1人だけ流暢すぎる英語で話すと，一緒に会議に参加している他の日本人が理解できなくなってしまいますので，他の日本人にも分かる英語で話す必要があります。さらに，参加者がお互いに助け合っても外国人が理解してくれない場面もあり，その時に大げさな，恥をかなぐり捨てた英語で相手を理解させてくれると，参加者全員のヒーローです。英語が正しいか，流暢か，ということよりも，現実に相手に伝わるかどうかが重要であり，英語としては下手でもあの人の英語は通じる，という評価が存在します。

このように，職場では留学の場合よりも，なりふり構わない英語に対する包容力がありますので，恐れずに開き直った英語で場数を踏みましょう[3]。

3 おわりに

これを英語の鍛錬という観点から，外国人だけの環境と，日本人の混ざった環境を比較してみましょう。

外国人だけの環境では，恥ずかしがることなく，むしろその場の勢いに巻き込まれて，嫌でもテンションを合わせることができます。さらに，イントネーションだけでなく，発音や表現なども，自分の思い込みではなく，外国人の英語に直接接し，矯正していく機会になります。他方，発音や表現が十分でない日本人の英語を馬鹿にしたり，関わるのを避けたりするようになりかねません。

他方，日本人の混ざった環境では，自らテンションの壁を突き抜けなければなりませんから，コミュニケーションができた，という実感をなかなか得ることができません。けれども，発音や表現が不十分でも通じる英語，他の日本人が何を言おうが気にしないふてぶてしさを身に付けることができます。

できれば流暢な英語の方が良いに決まっていますし，同時に日本人である以上，他の日本人とともに英語に関わる機会を避けられないでしょうから，両方を経験することが良いことなのでしょう。

自分の適性に応じ，また得られる機会に応じ，英語の鍛錬と思って意識して英語でのコミュニケーションに取り組むと良いと思います。

---

[3] もちろん，もっと厳しい職場もあるでしょう。それぞれの機会で，場の空気をよく見極めてください。

第6章　英語力アップ

6-6　そのまま返す

用語解説

せっかく勇気を振り絞って英語で話したのに相手に伝わらないと，英語で話をすることに消極的になってしまう。けれども，恐縮したり卑屈になったり諦めたりして，違う表現で再チャレンジするよりも，まったく同じ表現を繰り返した方が相手に伝わり，自信回復につながる。

事例

法務部員Aは，夕方の会議で無難にプレゼンテーションをこなし，来日したジェネラルカウンセルから称賛の言葉ももらった。

安心したのもつかの間，夕食会でAは，ジェネラルカウンセルの隣の席になってしまった。最初は，プレゼンの話をしていたのでうまく会話が続いたが，求められて会社の業務について話をしたところ，ジェネラルカウンセルは顔をしかめ，分からない，という表情をした。

▶ **対応例**

律儀で真面目なAはくじけそうになりました。

けれども，Bのアドバイスを思い出し，その通りやってみました。すなわち，ゆっくりと，今話したこととまったく同じことを，最初よりも大げさなイントネーションをつけて，もう一度話したのです。

すると，ジェネラルカウンセルは，なるほど，とてもよく分かった，なかなか良い仕事をしているじゃないか，という反応を示しました。

▶ **分析**

私は，気が小さいくせに格好をつけたがる少年でした。群れるとカッコ悪いと思うのに寂しがり屋でした。本当は，英語で外国人と話ができればカッコいいと思っていました（当時は認めていません）。

実際に街中で外国人に声をかけられたときも、本当は嬉しいのに、面倒臭そうな顔をします。おそらく道を聞かれたのでしょう。けれども、意味が分からずに困った顔をしていると、自分のことを馬鹿にするような表情でその外国人は立ち去ってしまいました。その反応に、少年の私は傷つきました。授業中答えられず、先生に怒られたような気分でした。

　けれども、素直でない少年の私は、日本語を喋れない外国人を日本に入国させるのがいけない、日本の入管は日本語の能力を試すべきだ、などと言うのです。

　大人になって少し「マシ」になったにしても、元々はこんな性格です。

　外国人に自分から話をしたのにそれが伝わらなかったとき、まず「しまった」と思います。次に、そうだ、正しい英語で話さなければ、と思うのです。

　そこで、学校の授業で習った関係代名詞や時制に注意し、さっきよりも正しいと思う英語をゆっくりと話します。このときの英語は、正しさに意識が向いていますから、"I think that"ではなく、「あい　しんく　ざっと」になっています。

　けれども、気合を入れた正しいはずの英語でも、やはり通じません。いえ、これだから駄目なのです。文章を変えずに「そのまま返す」べきなのです。

　この「そのまま返す」のポイントは、「イントネーション」「同じ文章」「意識」の3点です。検討しましょう。

1　イントネーション

　まず、ゆっくり話そうとする点は、良いです。眠気を誘うくらいゆっくり話すのであれば考えものですが、普通に会話する程度であれば、急ぐ必要はありません。焦ると早口になる人は、意識してゆっくり話しましょう。

　けれども、「あい　しんく　ざっと」は駄目です。

　もちろん、ネイティブな発音ができれば苦労はしません。それができないから気持ちが乗らないのも、よく分かります。

　しかし、だからと言ってイントネーションをより和風にしてしまっては、ますます外国人に聞き取りにくくなります。

　これは、英語が日本語よりも文法的な構造がシンプルなために、イントネー

ション（実は音圧）を使ったリズム感が，理解を助けるために必要だからです。イントネーションが変わると意味も変わってしまう中国語ほどではないにしろ，英語も，イントネーションが重要な役割を果たしています。お経のように話す外国人もいますが，その人の英語は外国人にとっても聞き取りにくいと不評です。逆に言うと，単語一つ一つの発音が多少悪くても，まずはイントネーションを真似して大げさに喋れれば，外国人に聞き取りやすい英語になるのです。

ですから，ここは踏ん張りどころです。

恥を捨てて，外国人になった気分で大げさなイントネーションで喋るのです。恥はかき捨て，毒を食らわば皿まで，身振り手振りもつけてしまいましょう。すると相手も，さっきより分かりやすい，頑張ってくれているらしい，と集中して話を聞いてくれるのです。

2　同じ文章

2つ目のポイントは，同じ文章です。

ここで違う文章にしてしまうと，相手は，さっきと違うことを話し始めた，なぜだ？と混乱してしまいます。諦めて何か違う話題に変えたのだろうか，分からないというメッセージを理解できなかったのではないか，などと思うかもしれません。

ですから，ここは踏ん張りどころです。

間違いかもしれない英語ですが，開き直ってまったくそのまま繰り返すのです。間違いを指摘されてさらに恥をかくかもしれませんが，それよりも相手にまずは伝えることの方が大切なのです。

さらに，繰り返す最初に"I said,""I mean,"をつけて，もう一度同じことを話す意思を最初に明らかにすると，なお良いでしょう。

3　意　識

さて，ここまでのような技術的な話ではなく，3つ目はもう少し本質的な話です。気持ちの問題です。

なぜ「しまった」と思うのでしょうか。なぜ「もっと正しい英語で話さなければ」と思うのでしょうか。

原因はいくつかあるでしょうが，英語の苦手な人に多く見られる原因は，どこかに「正しい英語」があるという思い込みがあり，それを自分は身に付けることができなかったという劣等感があり，伝わらなかったのは自分の英語が間違いだったからだという自責の念があるからです。いろいろな人にこの話をして，そうだそうだと言う人が沢山いたから，たぶん間違いありません。
　けれども，ここはむしろ次のように気持ちを切り替えます。
　まず，「正しい英語」があるという意識を捨てます。英語はツールですが，表現方法は決して1つではありません。1つのことを伝えるのに，実にいろいろな単語や表現があるという点で，日本語も英語も全く同じなのです。もちろん，ニュアンスの違いがありますから，より「好ましい」表現はありますが，これが唯一の正解，という表現はないのです。
　次に，自分を責めるのではなく相手を責めます。自分は外国語を苦労して話しているのにそれを理解しようとしないなんて，お前はなんて意地悪なんだ，という意識です。日本人は，一所懸命日本語を話す外国人を，実に大らかに，時に「日本語がとても上手ですね」と称賛して受け入れます。
　けれども現実に一部の外国人には，英語を喋れないことは知能や生活水準が低いことだと受け止める人々がいます。もちろん，ビジネスの場面でそのような感情や認識を表に出しませんし，そのような人ばかりではありませんが，そうでなくても，こっちは一所懸命外国語を喋っているんです。少しは，理解してあげようという意識を持ってくれないのか，と自分を奮い立たせるのです。
　この意識を持つことで，1の「イントネーション」も，2の「同じ文章」も，自然とできるようになるのです。

4　おわりに

　相手のことを理解しようとしない人には，たとえ完璧な英語でも伝わりません。つまり，相手に理解してもらえるかどうかは，英語力だけの問題ではないのです。日本語でもそうです。相手に理解しようという意識があり，こちら側に必ず伝えようという意識があれば，そして同じことを繰り返し言えば，よほどひどい英語（日本語）でない限り伝わるのです。

6-7　Illegal

用語解説

犯罪やそれに近いレベルの違法状態を表現する単語。日本語で「違法」という場合よりも悪質性が強いイメージを伴うため，悪質性が低い場合には，誤解を防ぐために別の表現を使うべきである。

事例

営業部門の総括担当役員として送り込まれている米国人のQが，営業成績を果たせない日本人の課長Tを解雇したい，と人事部に相談にきた。

日本人の間で人望が厚く，これまでの成績も悪くないTに対するあまりにも過激な処分であり，慌てて社内弁護士Aも呼ばれ，一緒に話を聞くことになった。Aが，そのような状況で解雇することは"Illegal"だと説明したところ，Qは，日本の法制度は"Crazy"だと激怒した。

▶ 対応例

Aは「ほぼ無条件で解雇が許されるアメリカのような国の方が少ない。たとえばヨーロッパには，日本よりも解雇が難しい国がある」などと説明しました。理由なく解雇ができる場合まであるアメリカの方が例外だ，という説明です。

これがQをさらに刺激してしまいました。Qは，「アメリカのルールには合理性がある。なぜ無能な人間に無駄な金を払わなければいけないのか？」「解雇できないとはどういうことだ？日本は社会主義国か？」「Illegalとはどういうことだ？」などとまくし立てます。

Aは「ここは日本であって，日本のルールの話をしている。アメリカのルールの話をしているのではない」「解雇できないとは言っていない。難しいと言っているだけだ」「解雇がillegalと認定されれば，解雇が無効となり，雇用を継続しなければならない」などと説明しますが，Qの怒りは収まりません。

▶ 分　析

　Qが怒った原因の一つは，アメリカが異質である，という指摘です。多くのアメリカ人は，アメリカが異質であるという指摘に敏感に反応しますが，Qも同様の反応を示したのです。

　これは，政治的にはアメリカ型の資本主義やその前提となるアメリカ型の民主主義が，経済的には様々なアメリカの企業や商品が，いずれも世界に広く受け入れられているという自信[1]が裏付けとなり，アメリカこそがGlobalな競争に勝ち抜いた勝者であって，したがってアメリカ方式がGlobal standardなのだ，とうい思いを，程度の差こそあるものの多くのアメリカ人が抱いていることを背景とします。

　もちろん，アメリカのルールややり方のすべてがGlobal standardではありませんし，そのことを議論すべき場面もあり得るところです。

　けれども，ここでこのことを指摘する必要はなかったですし，むしろ言及すべきではありませんでした。感情的になっているところで，さらに名誉感情やプライドにかかわる議論をしてしまったことから，火に油を注いでしまったのです。Aの話の進め方の反省すべき点の一つです。

　さらに，ここで問題なのはIllegalという言葉の使い方です。Illegalという言葉について，検討しましょう。

1　Illegalのインパクト

　実際にIllegalという言葉がどのように使われるかを見てみましょう。

　たとえば，Illegal business practice（悪徳商法），Illegal drug（違法薬物），Illegal gratuities（賄賂），Illegal organization（非合法組織），Illegal residency（不法滞在），Illegal trade（密貿易）などがあります。

　ここで気づくことの1つ目は，厳密には「違法」という言葉だけに限定されて翻訳されていない点です。これは改めて指摘するまでもなく当然のことですが，文脈によって使われる言葉が変わってくるのはどの言語にも共通すること

---

[1]　さらにこれらを背景に，世界平和をもたらしたのはアメリカであるという思想（認識や評価）を，Pax Americana（パクス・アメリカーナ）と言います。

ですから，単語同士が簡単に1対1の対応にはなりません。

したがって，"Illegal"に日本語の「違法」以外の単語が当てられることがあり，反対に日本語の「違法」以外の単語に"Illegal"が当てられることもあるのです。

2つ目は，けれども日本語の「違法」よりも幅が狭いように思われる点です。

この点はもう少し補足が必要です。たとえば「無効」という言葉を考えてみましょう。この「無効」に対応する英単語として出てくるのは，たとえば，Avoidance, Invalidity, No effect, Nullity, Repeal, Reversalなどですが，ここに，Illegalという英単語は見当たりません。

しかし日本語では，違法な契約，違法な解雇，違法な指示，など，「違法」と「無効」が同じ意味を有する場合もあります。違法であれば無効となる場合が多いですから，法的に厳密に使う場合でなければ，両者の違いをあまり意識していないように思われます。

他方英語では，①「違法」という評価と，「無効」という効果を分けているということなのか，②「違法」には一定程度以上の悪性が伴っているが，「無効」は悪性について中立的で，法的効果が生じないという現象だけを指しているのか，③「違法」にはペナルティなどが伴う場合が普通だが，「無効」はそこまで至らない場合が普通ということなのか，いろいろと分析が可能ですが，いずれにしろ両者は使い分けられているようです。

このように，"Illegal"という言葉にも幅がある（1つ目のポイント）ものの，日本語の「違法」という言葉よりも幅が狭いように思われる（2つ目のポイント）のです。

このことは，ルールに対する日本人の感覚の違いが関係するのでしょうか。

すなわち，ルールに違反すれば必ず厳しい処分が待っているのであれば，Illegalという言葉にはそのような重いイメージが付きまといますが，ルール違反だけで処分が決まらず，責任問題や情状などのほか，政治的な事情まで総合的に考慮する場合には，違法であっても厳しい処分が必然ではなくなり，違法という表現に悪質性が必ずしも伴わなくなった，という関係があるように思われます。

つまり，社会共同体としての共有されている暗黙の規範があれば，目に見え

る明確なルールだけに頼らずとも社会の秩序を維持できますが，かかる共有された暗黙の規範がない社会では明確なルールに頼らざるを得なくなり，かかるルールの違反に対する処分も当然のことながら重くなるのです。

2　日本語でのニュアンス

　さらに，そもそもの話ですが，日本語の中にあっても「違法」という言葉は，「不適法」「不適切」「不相当」などの言葉に比べ，悪質性が高いというニュアンスがあります。上記のとおり，違法な契約，違法な解雇，違法な指示，などの言葉にも，よほど酷いことがあったらしい，という印象を与えることは間違いなく，文脈によってはこのような用法は避けるべきでしょう。

　なぜなら，裁判所でも判断が分かれるような微妙な解雇事案から，強要罪などに該当するほど悪質な解雇事案まである中で，違法な解雇という言葉をあえて使えば，かなり悪質であると連想させかねないのです。

　つまり，より幅があるように思われる日本語ですら，「違法な解雇」という表現は，必ずしも適切とは言えないのです。

3　おわりに

　では，どのような表現にすればよかったでしょうか。

　ここでは，たとえば法令の要件を欠くという意味でnon-compliantや，不相当や不当，不適切，好ましくないという意味でinappropriateという表現を使う方が，相手により正確な意味合いを伝えられたように思われます。あるいは，同じ弁護士同士ですので，要件を満たさない，という意味でnot fill（またはsatisfy，meet）the requirementsという表現もあり得るでしょう。

　これを英語の勉強という点から見ると，日本語の用法から英単語や表現を探すのではなく，英単語の持つイメージやニュアンスを理解しておき，伝えたいイメージに合致する英単語を探す，という発想です。伝えたいイメージを一度日本語にして英語を探すのではなく，伝えたいイメージと同じイメージを有する英語表現を直接探すという発想の方が，伝わるのです[2]。参考にしてください。

2　【6－3　イメージの共有】160頁参照。

第6章 英語力アップ

6-8 Maybe？

用語解説

「たぶん間違いない，おそらく大丈夫」の意味として使ったつもりが，英語のネイティブスピーカー達には「えっ，maybeだって？　大丈夫なのか？」といった印象を与えるようなので，用法に注意が必要。英語表現は，辞書的な意味だけでなく，そのニュアンスまで注意しながら覚えていくこと。

事例

法務部員Pは，米本社が作成し，その日本子会社を含めグローバルに使用されるべき製品販売基本契約に定められた条件が，日本の法令に反しないこと（適法性），仮に米本社または日本子会社が債務不履行となっても該当の契約条件に基づいて責任が免除または軽減されること（有効性及び拘束力）について，本社の担当シニアカウンセルQから確認を求められた。

▶ **対応例**

Pは，関連する法令や裁判例等を調査分析し，それら条件の適法性と有効性等に問題がないとの判断に達しました。

そこで検討結果を報告するためにPはQに電話をかけ，"Maybe those terms are lawful, effective and enforceable."（たぶんそれらの条件は適法有効であり，拘束力があります）と報告しました。これだけ難しい問題をこれだけ短期間で調べ上げ，しかも本社が期待する結論を出したのですから，PはQが"Good!"と喜ぶことを期待していました。

けれどもQの反応はPの期待を裏切るものでした。

Qは，"What? Maybe? What's wrong or problematic?"（何だって？maybeだって？何がいけないんだ？）と詰め寄って来たのです。

Pは，これがいかに難しい問題であったか，どのような調査や分析をしたの

か，その上でどうしてこのような結論に至ったのか，本標準契約の条件の適法性や有効性について心配ないものの，裁判になった際の結果について確定的なことが言えないこと等を説明したところ，Qは納得し，安心しました。同じ弁護士同士であるため，法的な説明を丁寧にすることで理解してもらえたようです。

　Pは，Qが"maybe"という表現にネガティブに反応したことを少し意外に感じたので，その点について尋ねると，やはりQは「maybeは，確信がない，自信がない，といった印象を与えるから，その使い方はよく考えた方が良い」とPにアドバイスをしました。

▶ 分 析

　この問題を，単なる日本語訳の問題，すなわち"Maybe"という英語の日本語訳が「たぶん」とか「おそらく」で正しいのか否か，といった問題で終わらせるのではなく，ビジネスにも活かせるように背景などを検討しましょう。

1　控えめな態度

　日本人は，この"Maybe"を使う頻度が高いように感じられます。
　ところで，"Maybe"は断定的な表現を回避するために用いられているのですが，断定的な表現を回避する理由は何でしょうか。
　もちろん，もし違っていたらまずいから，という責任逃れもあるでしょう。
　しかし，断定的な表現を回避する最大の理由は，日本人の控えめな性格であると思われます。
　たとえば，営業目標が達成できそうな場合です。実現していないのにそれが確実であるかのように断言すると，自慢しているように受け取られないか，と周囲を気にして「おそらく」「…と思います」などと付け加えて，控えめに表現している日本人が多いように感じます。これは，発信する側にとって見た場合，謙遜できる人が立派な人，「有言実行」よりも「不言実行」，という価値観が強いのです。
　そして，このような価値観が強いのは，受信する側，つまり日本社会の側の特質も影響しています。アピールしなくてもその人の良さに気づき，評価する

社会であるからこそ，アピールが不要であり，むしろアピールすることでせっかくの秩序や「和」をかき乱すことの方が嫌われるのです。それだけ，閉ざされた環境で日常的に接触する環境，いわゆる農耕民族的な環境にあると言えるでしょう。

　似たような例として，相手を気遣って，単刀直入に「ノー」あるいは「ダメ」と言わず，まずは「たぶん難しい（ダメだ）とは思いますが」と前触れすることがあると思います。しばらく時間を置いて，相手や周囲に否定的な見解を受け入れる体勢が整ったことを見極めてから，「やはりダメでした」と伝えているのも，同様の背景に基づくことと言えるでしょう。断定的な表現を避け，それを遅らせているのです。

2　Maybeの重み

　このような事情から，日本人にとって「たぶん」や「おそらく」には，異なる意味が含まれているように思われます。

　たとえば，文末に「たぶんね」とか，話を切り出すときに「おそらくだけど」などを付けたとしても，むしろ「自分はこう思う」という意見表明の趣旨となっている場合が多く見受けられます。

　このような文脈の場合には，表面的にとらえて"Maybe"と訳すよりも，むしろ"I think""I believe"と訳した方が，実際の意味に近いでしょう。

　あるいは，そのような意味すらなく，単なる口癖の程度の意味や，一種の「語尾」であり，聞いている側も「たぶん」や「おそらく」に特別な意味を感じない場合もあるでしょう。

　これを英語にする場合には，特定の単語に置き換えるのではなく，文脈全体から端的に"Yes""No"と訳した方が，実際の意味に近いでしょう。

　このように，現実に口に出して発言された「たぶん」「おそらく」の実際の意味が変質したり軽くなったりするのは，発言をその字面だけで評価せず，その背景や人物まで含めて評価し，理解する，という日本人のコミュニケーションの特質もあるでしょう。話し手と聞き手の間のコミュニケーションの中で，言葉以外の要素が占める割合が比較的高い，と言えるのです[1]。

3　英語でのコミュニケーション

　これに対して英語では，"Yes"か"No"を断定的に言える場合には，比較的あっさりと断言する傾向があります。

　これは，控えめな態度よりも，はっきりとして分かりやすく，責任感ある態度が評価されることが背景にあります。日本的な控えめな態度は，はっきりと表現しなくても聞き手が汲み取ってくれることをあてにした表現であって，見方によっては，聞き手に甘えている表現と評価できます。

　また，コミュニケーションの中で言葉が占める比重が大きく，「字面どおり」受け止められてしまうことも関係します。

　すなわち，"Yes""No"をはっきり言わなかった，という面が強く受け止められてしまうのです。これを話し手の側から見れば，本当に断言が難しい，あるいは断言することに自信がない場合にしか，"Probably""Perhaps""Maybe"のような言葉を使わないのです。

　そして，どうやら"Maybe"はそれらの語句の中でも不確定さや自信のなさの程度が大きい状態を示すニュアンスがあるようなのです。

4　おわりに

　日本語で「たぶん」を普段から口癖にしていると，英語でも"Maybe"を頻繁に使ってしまいます。

　けれども，これを聞いたネイティブには，はっきりした答えが出せない状況であること，しかもそれが不確定さの強い"Maybe"であること，が印象に残ります。「たぶん大丈夫」というニュアンスで"Yes maybe"と言ったところ，「大丈夫であって欲しい」というように，逆に消極的な意味に受け止められる場合すらあるのです。

　英語を学ぶ際，辞書的な意味だけでなく，ネイティブスピーカーと何度かコミュニケーションをとるうちに示される彼らの反応から，そのニュアンスや使われるべきTPOも読み取っていきましょう。

1　とは言うものの，英語にも発言者によっては無意味な口癖やつぶやきがあります。たとえば，", you know?"", or whatever"などです。その意味で日米の差は程度の差であって，過度に強調すべきではありません。

第6章 英語力アップ

6-9 Openということ

> **用語解説**
>
> 「開放的」ではなく，「包み隠さない」「信頼できる」というニュアンス。外資系企業では子会社に"Open"さを求める傾向がもともと強く，最近はその傾向がますます強まっており，本社からの無用・有害な干渉や介入を防ぐために，上手に"Open"であることが重要である。

事例 　法務部員Bは，あるプロジェクトで顧客と揉めた際，本社社内弁護士が日本子会社の営業担当役員Xのことを"He tends to be not open to the headquarter. We need to be constantly updated the situation from you."と表現したことについて，その役員Xのどのような態度が問題だったのか，ひるがえって自分はどのように対応すべきなのか，などについて今一つ良く理解できなかったため法務部長Nに尋ねてみた。

▶ 対応例

Bの質問に対して，Nはこう説明しました。

「Xは，以前から結果を出すことで本社に口出しさせなかったタイプだが，今回はさすがの彼も無理だったようだ，あの成績じゃあね」

「結果が出せないと，どうして『Open』が問題になるんですか？」

「本社から見たら，Xは秘密主義に見えるんだよ。指示に従わず，質問に答えず，結果が出たから黙っていろ，そういう態度がときどき見受けられたようで，そのことに対する不信感が出てきたんだ」

「秘密主義だから『Open』ではないと批判されているんですね？」

「そう。前々から言うことを聞かないXに不満を持っていた本社側の役員たちが，ここぞとばかりに変に大騒ぎしないか，心配だね」

6−9 Openということ

▶ 分 析

1 人格非難との違い

"Open"という言葉は，日本では一般的に「開放的な，こだわらない」といったニュアンスで使われることが多いようです。

したがって，"Open"ではない，と評価された場合には，「閉鎖的な」「いつまでも根に持つ」というような評価を受けた，すなわち人格的に非難された，と受け止められることが多いでしょう。

けれども，英語圏の人達が少なくとも仕事の場で他人を評価する際に"Open"と言う場合には，「正直な（Honest）」「包み隠さない（Transparent）」といった意味を持たせることが多いように感じられます。

したがって，"Open"ではないと評価された場合には，普通は人格的な非難は含まれておらず，「ちゃんと報告してこない」という意味に受け止めることができます。

ただし，あまりにも隠し事が多くて不信感を抱くようにまでなった場合には，そこに「信用できない奴」というニュアンスも入ってくるので注意が必要です。本件事案でも，まさにXのこの点をNが心配しているのです。

2 シンプルな組織（背景①）

一般的に欧米の企業は，指揮命令関係と情報伝達経路が単純で明確となった組織運営をしています[1]。このシンプルな組織運営が，"Open"を求める背景の1つと思われます。

すなわち，このような組織では，物事を決定する権限や責任が誰に所属するか明確に決められています。この権限と責任が与えられている者は，判断を誤った場合には信賞必罰とも言える厳しい評価がされることもありますが，だからと言って厳しい処分を恐れて決断を避けたり先送りしたりしていれば，これもまた「無能」として，せっかくの権限と責任を取り上げられてしまいます。

そこで，このような立場にある者は自分の部下に対し，「この件について，状況をすべて報告せよ」「このような事項についての情報をすべて報告せよ」

---

1 【1−3 Report (ing) Line①】10頁，【1−4 Report (ing) Line②】14頁参照。

といった要求を日常的にしてきます。正しい意思決定に基づいて適切な指揮命令を行うためには，正確な情報を十分に得ることが必要だ，と考えるからです。

3　権限移譲の程度（背景②）

さらに，日本子会社に対する権限移譲の程度の違いも，背景の一つです。

これは，いわば社風のようなものですが，本社が日本子会社に対してどこまで権限委譲しているのか，逆に言うと，どのようなことまで口出しし，手出ししてくるのか，という問題です。

すなわち，世界各国での統一的で一体的な運営に重きを置いている会社に多いですが，各国の子会社に対する権限移譲の範囲が小さい会社の場合には，報告すべき事項や判断を求めるべき事項が多くなります。

他方，各国の多様性を理解し，各国に定着していくことに重きを置いている会社に多いですが，各国の子会社に対する権限移譲の範囲が大きい会社の場合には，これらの事項は少なくなります。

とは言うものの，後者の場合でも気を抜くわけにはいきません。

成績を出せなかったり，不正を働いたりしてしまった場合には，任せておけないと判断され，突然その立場を追われてしまう場合や，細かなことまで本社が介入してくる（報告し，決断を仰ぐよう強制されるようになる）場合があるからです。

4　Openの程度

以上のような要求に応えて適切に報告をし，判断を仰いでいけば，"You are open."と評価されるようになります。これが，"I trust you."と評価されていることと同じ意味であることは，これまでの検討からお分かりいただけるでしょう。

けれども，物事には程度があります。

まず，上司との関係です。

きちんと仕事をこなし，適切に報告をし，適切に判断を仰いでいけば，「この件はいちいち細かいことまで報告しなくても良い。重要と思うポイントだけ報告するように」というように，任される部分が増えていきます。

ところが，せっかく任されているのに細かいことまで報告したり判断を仰いだりしていけば，うるさがられるだけでなく「任せられない奴」と評価されてしまい，自分自身の権限や責任が奪われかねません。責任を負いたくないので何でも上司に報告してしまいたい気持ちも分からないではないですが，せっかく任されていて余計な口出しをされない場ができたのですから，頑張って責任ある対応を行うようにし，任される領域が増えていくことを目指しましょう。

次に，他部門との関係です。

欧米の企業でも「根回し」という配慮が必要で，まずは上司にだけ報告すべき場合が意外と多い，ということがポイントです[2]。

たとえば，他部門に対する影響が大きい案件で，日本からの情報が不用意に他部門に流れると，感情的な反感や不安を煽りかねない場合を考えてみましょう。その場合，法的に見てどの程度のインパクトがあるのか，どのような対応をしているのか，結局リスクはコントロールされているのかいないのか，等の点に関する法務の見解を，本社ジェネラルカウンセルと日本側法務部門の間で確認し，この見解も付したうえで他部門に展開すべき場合があります。

もちろん，その準備に余計な時間をかけられませんが，だからと言ってそのような準備もせずに他部門に情報を展開してしまうことは「拙速」です。上司からは，"You are careless."と叱られてしまうことになるのです。

5　おわりに

要は，「必要な情報を正しく，必要な人に，適切なタイミングで，伝えること（伝えようとしていること）」が「Openさ」の条件になるのです。不用意に多数の人をccに含めて伝達することのないように注意することが大事です。

いわゆる"Need to Know"（知るべき人のみが知る）は確保しなければなりません。

この点からもOpenとは，日本で理解されているような「開けっぴろげさ」とは少し違った，"Sensitivity"（配慮深い感性）を伴った判断や行動を必要とするのです。

2　【4-2　根回し】96頁参照。

第6章 英語力アップ

6-10 *Academic*と言われたら？

用語解説

日本語で「アカデミック」という表現を聞くと，「理論的で根拠に基づいた，知性的な」といった，比較的ポジティブな印象を抱くが，外資系企業あるいは外国の弁護士が日本の弁護士や法務部員について使う場合には，その人達の思考や発想に「満足していない」ことを表現していると理解すべきである。

事例

法務部員Cは，外国法律事務所の東京オフィスに勤務し，Cの所属する日本子会社に対して法務サポートを提供してくれているイギリス人弁護士Yとランチをした際，Yから「日本の弁護士や法務部員たちの多くは，どうしてアカデミックなのか？」と質問された。

▶ 対応例

Cは，自分も含め日本の法務プロフェッショナルやスペシャリストに対する評価が高いものと考え，「日本では依然として司法試験は難関であり，弁護士資格を持たない法務スタッフも，企業において長期的にじっくりと指導教育されているからだと思う」と答えたところ，Yはけげんな表情をした。

▶ 分析

Yは，決して日本の弁護士や法務部員を褒めていません。むしろ，不満を感じていたようです。弁護士や法務部員にとって，"Academic"という言葉は，褒め言葉ではないのです。

このことは，単なる文化的な感覚の違いにとどまりません。業務にも影響する重大な問題です。

たとえば，日本子会社の取引先（顧客やベンダーなど）や社員などと紛争が生じた場合を想定しましょう。本社法務部門から，仮にその紛争が裁判となっ

た場合にどのような結果となるかについての分析と意見が求められたとします。

ここで、当社側の落ち度が明確で、こちらに有利な結果となる可能性が極めて低いからといって、日本子会社の法務部門がそのとおりに回答しても、本社があっさり「分かった」と受け入れてくれることは、まずありません。

そこで、日本子会社の法務部門は、その意見を補強するために、外部の弁護士に分析と見通しを依頼することになります。当然、外部弁護士の意見も当初の日本子会社の見通しと大きく異なることはないでしょう。

ところが、このような専門家の意見が添えられても、本社は「仕方がない」と簡単にあきらめてはくれません。日本子会社の法務部長に対して、「こちらに有利な結果を引き出すことをコミットしてくれる弁護士を探し出せ。そういった弁護士と協働して、こちらの求める結果の実現を達成せよ」といった要求をしてくるだけです。

この背景を理解しておきましょう。

1 弁護士の保守的な意識

たしかに、紛争事案では事実関係が完全に明確でないこともありうるし、裁判の結果は見通しを立てにくいため、どうしても保守的な見解を示さざるを得ないでしょう。ミスは許されない、という意識も働くでしょう。

けれども重要なのは、クライアントの最大の利益（結果）のために最善の努力を尽くす、といった意識をどれだけ持って、しかもそれを表すか、ということです。よく日本人は「できない」理由を見つけることに長けていると言われることがありますが、法務の領域でも、弁護士や法務部員は先例や法令を保守的に慎重に分析し、「勝てない」との見通しを立てる傾向に陥っているのではないでしょうか。時には、「こちらはこれだけ悪い（債務不履行をしている）」といった指摘に終始する意見書まで出してくるケースもあるほどです。

2 投資効果

他方、特に外資系企業の場合には、訴訟対応にかかる費用も投資と同様、それに対するリターンを強く意識します。

すなわち、実現できないこと、達成できないことには、投資をしないし、コ

ストもかけません。チャレンジの要素がなく負けることが分かっている訴訟に，わざわざお金をかける理由は見いだせないのです。

客観的に説明している体裁を取りつつ，結果達成への強い意欲を示さない頭でっかちな報告では，会社にとってのメリットがないと評価され，ひいては会社のためにならない人間と評価されかねないのです。

3 コミットメント

外資系企業では，「コミットメント」という言葉が多く使われます。簡単にいえば「やります」という，結果実現の約束です。もちろん例外はありますが，日本企業では「一所懸命がんばります」という表現が用いられることが多いように思われます。それは「ダメなら仕方がない」という許容度が比較的高いことからきているのではないでしょうか。

他方，特に英米では，公平で客観的な分析と評価は中立の裁判官や仲裁人の仕事であり，attorneyやlawyerは，自らのクライアントの利益の最大化のためにあらゆる努力を尽くすべきである，という発想が強いように思われます。

この結果達成への意識や執念の違いが，特に英米の弁護士と比較した場合，本当にクライアントの最大の利益のための最善の努力を尽くしている（尽くそうとしている）のだろうか，といった疑問を抱かせ，それを"Academic"と表現させているように思われます。

4 ローヤーズジョーク

もちろん，アメリカのローヤーズジョークの中にも，このような"Academic"なアメリカ人弁護士を揶揄したものがありますから，すべてのアメリカ人弁護士が"Practical"で日本人弁護士が"Academic"である，と簡単に色分けできないと思いますが，示唆に富んだ内容と思われるので，ご紹介します。

アメリカ人冒険家2人が，熱気球でアメリカ大陸横断を目指して航行中，進路に迷ってしまいました。そこで2人は熱気球の高度を下げて，地上を歩く人にこう尋ねました。「すみません，我々は大陸横断中なのですが迷ってしまいました。今どこにいるのでしょうか？」すると地上の人はこう答えました。

「あなた方は今地上15メートルの熱気球の中にいます」それを聞いた冒険家の1人がもう1人の仲間に「彼は弁護士に違いない」とつぶやきました。仲間が「なぜ彼が弁護士だと分かるんだ？」と尋ねると，その冒険家はこう答えました。「彼の言っていることは100％正しいが，全く役に立たない」

5 おわりに

　もちろん，日本子会社も会社のために無用な争いをさせないことを考えているはずなのですが，「この弁護士は，クライアントの最大の利益のためになぜ最善の努力をコミットしないのか」という印象を本社が持ってしまうと，「なぜ先例を変えようとしないのか」「なぜ裁判官を説得しようとしないのか」「なぜ国会に働きかけて法改正しようとしないのか」といった，極めて細かく極めて厳しい反応までエスカレートしてしまうのです。

　何事も最初の印象が重要です。

　外国本社に「日本子会社の法務や弁護士は意欲がない」といったネガティブな第一印象を持たれないことが必要なのです。

　その意味で，果敢にチャレンジするシナリオを最初に本社に説明し，それに伴うリスクだけでなく，コストや時間なども説明し，総合的には保守的な対応がベストと判断せざるを得ない，とむしろ本社の側に判断させるなどして，このようなギャップを防ぐ必要があるのではないかと考えられます。とにもかくにも，まずは"Academic"というありがたくない評価を受けてしまわないよう，いかに積極性を示しつつ，しかもいかに合理的な結論に導くのか，という会社の中での自分の基本的な立場を理解しましょう。

　なお，英米ではここでの"Academic"の対極にあることを，"Practical"あるいは"Strategic"と表現することが多いようです。日本で「アグレッシブ」と言われることがありますが，"Aggressive"は「粗暴な」とか「少し節度や適切さを欠いた強さ」を意味することもあるので，注意が必要です。

座談会

6つの視点で"技法"を使いこなし，国際法務の世界をサバイバル

本書で示した技法につき，さらに深く知るために座談会を開催。
三人の考えや，業務にまつわるエピソードを聞きました。

（2015年10月26日開催）

座談会の様子（左から名取氏，松下氏，芦原氏）

■ 座談会の6つのテーマ ■

芦原 司会の芦原です。本日はよろしくお願いします。座談会のテーマは，グローバル化が進む中で，今後，社内弁護士や企業の法務部員にはどのような能力や技法が必要かについてです。

具体的には，必要なスキルを，「組織力」「経営力」「防衛力」「行動力」「コミュニケーション力」「英語力」の6つにわけて話し合いたいと思います。

座談会のメンバーはいずれも，社内弁護士がまだ少なかった時代から社内弁護士として活動してきた方々です。

名取先生は，日本IBMをはじめとした外資系企業でジェネラルカウンセル（最高法務責任者）の役職を長く務められ，海外本社と日本子会社の関係性に精通されています。

松下先生は，外資系・日系企業の双方で，海外に関する法務業務に携わり，今は東証一部の企業で取締役COOとして企業の経営を手がけていらっしゃいます。

1 組織力アップ

(1) 報告事項の適切な上げ方

芦原 では早速，「第1章 組織力アップ」として，国際企業の組織体制について検討したいと思います。私の実感として感じるのが，日本企業で長く働いていると，取引の相手側であるにもかかわらず，それが大企業の法務部や相手方の使っている法律事務所が有名な場合だと，つい安心して任せてしまうことがあります。でも，本当は油断してはいけない訳ですが，具体的なエピソードなどありますか。

松下 松下です。よろしくお願いします。

たとえば，海外企業を買収した際に，デューデリジェンスを行ったにもかかわらず，後になって知らなかった事実が判明することがあります。

買収した先の社内弁護士に，なぜ報告しなかったのかと聞くと，当然のごとく「特に報告を求められていなかったから」と答えられたりして，唖然とします。

座談会

　海外では，弁護士に限らず，自分に不利なことは報告を求めない限り，言わない印象を受けますね。

　ですので，DDを適切に行ったとしても，買収した後には再度棚卸しをする気持ちで，一度リストを作って徹底的に聞き出す作業を行わないと，必要な情報が出てきません。それでも聞き方のポイントを少し外すだけで，見当外れな情報しか出てこないことはよくあります。

芦原　ありがとうございます。名取先生も海外の弁護士が信用できなかった，あるいは期待外れだったというご経験はありますか。

名取　名取です。私の場合は，外資系企業の日本子会社に勤めていたので，どちらかというと日本が海外本社に情報を上げることが多かったです。そうすると，【1－3】や【1－4】のレポートラインでも述べた，米国企業に特有の"言いたくないことでも，徹底的に報告させる"文化を体験しましたね。

芦原　たとえば売上不振のとき，どのように"徹底的に報告させる"のでしょうか。本社から聞かれる項目は決まっているものですか。

名取　そうですね。日本企業だと，たとえば，ある製品の売上不振について報告をする会議で，その製品の素晴らしさを強くアピールする方がいますが，それは外資系企業からすれば時間の無駄ですね。外資系では，「では，そんな素晴らしい製品がなぜ売れないのか」の原因究明が大事なのであって，製品の良さの報告は意味がない。そして外資系では，そもそも説明させる側が，あらかじめ報告事項をきっちりと定め，そのリストに基づき会議が進みます。

芦原　アメリカの会社は，ミーティングで報告を上げさせるのが上手いですよね。

名取　そうですね。今，社外役員を務めている日本企業でも，まずは報告事項のフォーマットを決めるといいですよ

司会を務める芦原氏

195

と伝えています。フォーマットの中で自由に報告するのはいいですが，報告事項を指定することで会議はより有益になります。

松下 そうですね。一点，付け加えるとすれば，M&Aの場合は，言葉の意味から丁寧に確認する必要があります。先ほどの例で，私は"any and all legal disputes"を全部リストアップして下さいと伝えたにもかかわらず，後日，税務訴訟や労務紛争が出てきました。買収後，部下になった現地の社内弁護士になぜかと聞くと，それは財務部や人事部の管轄で，法務の担当案件ではないからと説明するのです。悪意があったとは思えませんが，彼らにとっては税務や人事訴訟は，legal disputeではないんですね。事例を示し，項目を細かくして，丁寧に聞く必要があるなと実感しましたね。

芦原 ありがとうございます。今のお話は，【1－7　海外法務部への挨拶回り】とあわせて聞くと，より有益ですね。

(2) 目的と手段をわけて考える

芦原 では，次のテーマにいきます。松下先生に，【1－1　コーポレートガバナンス，内部統制，コンプライアンス】で，「ラーメン屋の成長論」を例に説明して頂きました。とても面白いし，納得できる解説だと思いました。そこで，実際にこの3つの違いを理解することが有益だったエピソードはありますか。

松下 そうですね。もともと，かみ合わない議論を防ぐために，それぞれの違いを分かりやすく説明する例として考えたものです。

　この3つの違いを理解せず，それぞれの強化や改善の検討をしている企業をよく見かけます。たとえば，経営者に対するガバナンスを効かせようと内部統制の制度を細かく整備しても，意味がない。ラーメン屋さんの例ではなく，今度は国家を例にとりましょう。誰が主権者で，統治機構は，三権分立なのか民主独裁なのか，大統領制なのか議院内閣制なのかといった問題は，統治，すなわち，ガバナンスの問題です。

　内部統制は，大統領など行政機関の長がその意思決定を不正なく，誤りなく効率的に実行させるための仕組みやプロセスです。そして，コンプライアンスは，法の支配の問題です。国王や大統領といえども法の下にあるという

ことです。その法をどのように，国王や大統領に守らせるかは，統治，ガバナンスの問題であり，国民にどう守らせるかは内部統制の有効性の問題なのです。内部統制の体制整備とガバナンスの有効性は，混同しやすいので，これにストップをかけられることは有益だと感じます。

　大切なのは，課題は何かを見極めることです。コンプライアンスという概念は抽象的であり，その言葉だけでは対象者を限定していないので，「誰に対する」，「何についての」コンプライアンスなのかを明確化することで，たとえば「経営者のコンプライアンス」という"目的"が見えてきます。そうすると，社内における経営者の意思決定や経営者そのものの行為をチェックする仕組みという"手段"が明確になる。

　法務部がこの違いを理解したうえで，経理部門など決算に関する金融商品取引法における内部統制に関する部署，監査法人，より広い会社業務全般にわたる会社法上の内部統制や業務執行取締役の監督を役割とする監査役や社外取締役のようなコーポレートガバナンスの一翼を担う人と連携することが，コーポレートガバナンス，内部統制，コンプライアンスについての業務の効率性や質を高めるうえで重要です。

芦原　なるほど。法務部をデザインする場合だけではなく，運用する場合も，三者の違いを理解することは重要ということですね。

名取　企業の不祥事，特に会計上の問題が起きると感じるのは，その原因がガバナンスの問題なのか，内部統制の問題なのか，コンプライアンスの問題なのか，はっきり分析されていないことです。一面ではガバナンスがダメだと言ったり，内部統制が効いていないと言われたりするけど，私は，経営陣が不正を指示したり，プレッシャーをかけ過ぎているとしたら，根本的にはや

マネジメントシステムの整備には実効性があると語る名取氏

はりコンプライアンスの問題だと思います。

芦原　すると，この3つを理解することは，原因究明のツールにもなり得るということですね。

名取　そうですね。ガバナンスでも，今，日本企業は，本社のガバナンスにしか目が向いていません。たとえばガバナンスコードであれば，株主との対話ですね。ただ，今後，それに加えて，日本企業と海外の子会社の関係で見れば，自分たちが株主になるわけです。そうすると自社と株主の関わりが，そのまま鏡のように，海外子会社をどうガバナンスするかにつながるのにもかかわらず，それはまだあまり意識されていない気がします。これに対して，アメリカの会社は，海外子会社に対するガバナンスが徹底していますね。

松下　私がGEにいたときは，たとえば100％子会社の役員の選任はある程度現地経営者の自由でしたが，事業の報告や決裁権限は，内部統制の一環により厳しくコントロールさせられていました。子会社独自のガバナンスに任せるのではなく，本社からの内部統制の手法により，規律するというマネジメント手法ですね。

　一方シーメンスは，100％子会社でも，誰を取締役にするとか，取締役会をどう開くかについて，かなり丁寧に議論していました。たぶんこれは，子会社の経営者にもコーポレートガバナンスという視点を学ばせるという意味があったのかもしれません。これに対してGEは，100％子会社は資本という意味では，独自のガバナンスを持つ意味はないので，効率的に内部統制やレポートラインで，コントロールするという手法を取り，合弁会社の場合は，持ち株比率により，ある種独自のガバナンスを合弁会社に認めていました。

名取　なるほど。そういう意味では100％子会社に関しては，IBMもGEのマネジメント・ガバナンス手法に近いです。日本IBMの社長や取締役で，本社から赴任している人は当時いなかったので，取締役会も日本語で話し合っていました。本社から見れば，自由度が高いように映るため，レポートラインなど本社のマネジメントシステムを厳しく整備することで，コントロールしていました。

　ここでポイントになるのが，彼らはガバナンスを重視するというよりは，マネジメントシステムを整備するほうが，実効性があると考えていた点です

ね。株主としてコントロールするよりも、同じ社内の上司と部下のような関係にしてレポートラインを設定し(【1-3】【1-4】)、マネジメント上のコントロールを効かせよう、という発想ですね。それを言ってしまうと元も子もないですが(笑)。

芦原　なるほど。内部統制のような目的で使われることの多いマネジメントシステムは、ガバナンスのツールとしても役立つということですね。

(3)　レポートラインを使いこなす

芦原　さて、レポートラインが話題に上がったところで、もう少し詳しくお話しできればと思います。【1-4】でデュアルラインは日本の会社は苦手だと指摘されていますけれども、いかがでしょうか。

松下　導入しようとして、うまくいったためしがないです。そもそもコンセプトを理解されないですね。どちらが上司なのと戸惑ってしまう。また、弊害として、要領のいい社員は報告先の使い分けを都合のいいように行います。日本企業ではなかなか難しいですね。

芦原　今回、就任された会社では、デュアルラインは試してみますか。

松下　そうですね。今の会社は小売業ですし、規模も売上2000億円くらいで、海外も自分で直接見ているのであまり必要性を感じません。それから、COOですので、2つに分けても、事業も法務も、結局、私にレポートしてくるので、という事情もあります。自分が法務部長なら、違ったことを言ったかもしれません(笑)。毎日、数字は上がってきますし、毎月、現地の経営陣とはフェイストゥフェイスのミーティングをして、事業報告をしてもらっていますし、年に一度以上、直接、それぞれの現地に行って、現地のス

意思疎通にはレポートラインが必須と語る松下氏

タッフと直接，話していますので，そんなにポイントは外さないと思います。お金周りも経理部にきちんと見てもらい，さらにもう一度，私がチェックするので，そこもクリアしています。

　自分としては，デュアルラインは，以前，子会社の社長を務めていた際に，部下である財務部長が自分をスルーしてCFOにレポートしているのを見て，何だかやりにくいなと感じたのを覚えています。

芦原　つまり，デュアルラインで感じるその「イヤだな」を逆手に取れば，会社全体としては，不正や不祥事に対する牽制は効くわけですね。

松下　効きますね。部門長が数字を把握する前に，CFOに数字が行きますから。

芦原　会社の規模が大きくなると，デュアルラインという手法に取り組んでいくのは，いいアイディアかもしれないですね。名取先生は，いかがですか。

名取　デュアルライン，トリプルラインは，アメリカ企業はよくあるので，慣れていますし，効果的な制度だと思います。

芦原　私も今は複数のラインで，レポートを上げています。チューリッヒ生命とチューリッヒ保険の2つの会社を見ているので，トリプルラインですね。

松下　私は，日本の会社では，数字に関する報告事項は，メインのレポートラインを置いたうえで，つまり，予算の管理は事業側において，その他の事項，たとえば人事の採用や評価に対して「意見」を言える仕組みをとっていました。

名取　ただ，外資系企業の場合は，人事もラインマネジメントですから，少し事情が違うように思います。

　つまり，日本の会社のように，人事部が一括して社員を採用したり，ローテーションするわけではなく，基本的には採用，評価，昇進等は，各ラインが行い，人事はそれをサポートするというかたちです。

　ただ，経営者がレポートラインを導入したくない理由として，よく挙げられる弊害が，このような人事部の役割と別の問題ですが，一般の従業員が自分の仕事や義務以外はやらなくなることです。

芦原　自分が担当だと言われた業務以外は，スルーしてしまうということですね。

名取　たとえば，稲盛さんが言うアメーバ経営は，いいと思った仕事は，部門の隔たりなどお構いなく取り組むべきだというスタンスです。こういうコン

セプトと，レポートラインでがちがちに統制を取る企業文化とは反するわけです。

松下 欧米の会社はレポートラインがしっかりしていて，目標や責任がはっきりしている一方，それ以外の業務をしてもあまり評価されません。場合によったら他部門の仕事を奪ってしまう場合もあるし，自分の仕事プラスアルファの業務を行うことはセンシティブですね。逆に，日本企業で特にオーナー系の会社は，与えられた仕事しかしない人は評価されないですね。

芦原 そうですね。気が利かなくて，やる気のない人という評価になってしまいます。

松下 日本企業だと，人と人の間に落ちる球（＝業務）を，スライディングで拾いに行く社員が評価されるわけです。守備範囲を超えて仕事を行う人のほうが，自分の守備範囲内でしか仕事しない人より評価が高いので，双方のあつれきはもちろんありますが，そこはオーナーは気にしないですね。仕事のできる人が勝って，弱い人はどんどん存在感がなくなり，最終的には仕事そのものがなくなる。それでも致し方ないと考える経営者はたくさんいます。

芦原 日本の会社の中で社員の存在感がなくなる一つのパターンは，気が利いてフットワークが良いか，そうでないか，という点で選別されていくパターンですね。

名取 ただ，実はそういった部署横断的な仕事ぶりが許される企業風土を保つには，トップが情報収集も含め相当努力しないといけないですよね。

松下 稲盛さんは，みずから現場まで行って，コミュニケーションをとっていますね。

　レポートラインという制度は極端なことを言えば，上司を飛び越えて報告してはいけないとか，違う部署と勝手に話してはいけないのです。逆に，上司は直属の部下を飛び越えてその下には話さない。一方，日本のオーナー系の企業は，上司・部下の区別はあっても，オーナーとしては，会社にいるのは家族か社員ですから，社員はフラットなんですね。風通しはいいけれども，どこから弾が飛んでくるかわからない面があります。

芦原 はい。あと日本企業の情報伝達の特徴として，信頼できる人たちの集まりで「ここだけの話でお願いします」と内密にすることは可能ですが，外国

企業でも同じことを期待すると失敗しますね。

名取 もしそこまで求めるのであれば，日本のやり方を徹底して海外に移植して，これがうちの会社のやり方だと教え込まないと厳しいでしょうね。

芦原 どうなのでしょう。アメーバ的なやり方が，個人の意識の強い国でも通用するのでしょうか？

松下 私自身は，中国でもフランスでもインドでも，部下にはあまりレポートラインは気にせず，誰とでも話していましたね。

芦原 では松下先生は，ラインを飛び越えるタイプなのですね。海外でも上手くいきましたか。

松下 コツがありまして，ラインは飛び越えるけど，その間にいる社員と情報を共有するのです。これで不安がだいぶ消えます。そのためか，あまりトラブルは起きませんでした。

芦原 たしかにレポートラインで間にいる人を飛ばして，しかもその間にいる人は情報共有できていなかったら，信頼関係も壊れてしまいますね。制度が持つ最後の一線は守ったうえで，レポートラインの仕組みの中で，できる限りのことをするのですね。

松下 そうですね。そうでないと，レポートラインでは直属の部下は自分にプラスになることしか言わないですから。現場の人と直接話して初めて，何が起こっているかが分かります。

芦原 松下先生は，欧米のレポートライン制度を自分なりにアレンジされているのですね。

松下 そうですね。レポートラインの項目を追加，整理しましたけれど，ペーパー上ではやはり出てこないものもあると思ったので，現場の人に会って話すことを重視しました。

名取 電話をかけるだけでも，出てくる情報の質は違いますよね。

芦原 はい。ちなみに現場というのは，どこを指すのでしょうか。たとえば子会社の法務部などでしょうか。

松下 それもそうですね。部署も地域も，どこでも行きますよ。フランスでも，南フランスのトゥールーズにある法律事務所まで出向いたこともありますし。買収先の会社が，ある小さな法律事務所に結構大きなフィーを払っている

のを不思議に思って,その原因を直接聞きに行ったりしましたね。結局,その法律事務所に,ありとあらゆる不動産の案件を依頼していたのが分かり,今後は案件ごとに適切に法律事務所を選定するようになりました。

芦原　なるほど。ありがとうございます。

2　経営力アップ

(1)　契約では交換するモノを把握しよう

芦原　では,次に「第2章　経営力アップ」の話です。今,松下先生のお話しの中で,【2-4】のように海外の法律事務所に,実際に行ってみようという話もありましたが,まず伺いたいのは【2-1　契約】についてです。契約は,決裁のため事後承諾として社内で回す書類でしかないという見方もありますが,法律的な視点で見ると権利と義務が定められており,経営の視点から見れば取引のツールであるわけです。実際に契約が業務の中で役立つのは,具体的にどんな場面をイメージしたらいいですか。

松下　まず,いい契約書を書く基礎として,自分が何を交換しているのかを,把握しなければいけないと思います。権利と義務,リスクと機会,メリットとデメリット,あるいはモノとおカネというように交換していくわけですね。

　たとえば物とおカネを交換すれば,リスクと機会は一切交換していないように見えますが,モノでも本当に自分が期待したとおりの性能があるかは分からない。たとえば食べ物であれば,"おいしい"かどうかは,食べてみないと分からない。つまり,おいしいかどうかはリスクなのです。

芦原　そうですね。果物が甘いか渋いかなんて,結構ハイリスクだと思います（笑）。

松下　はい。そのようにすべてのモノにはリスクがあって,おカネも現金で払い受ければリスクがないと思われるかもしれないけど,それは単に,日本が現在,インフレじゃないからで,ハイパーインフレの国であれば,現金で支払われると損をしてしまうから物々交換の方がいいわけです。

芦原　おカネの価値がどんどん低下してしまうからですね。

松下　そうなのです。自分がどういう価値の交換,どういうリスクや機会の交換をしているのかがはっきり分かれば,たとえばそういうハイパーインフレ

の国だとしたら，値段を決めるときにアジャスト条項を入れようなどということが思いつきます。

芦原　何と何を交換しているのかという経済的な見方ができれば，リスクがよく見えるのですね。

松下　その通りです。そうすると，契約上でどのようなカバーをすればいいか分かるし，ビジネスの主要な目的も深く理解できます。この取引は売上をとりたいのか，それとも契約の締結のためにリスクを取っても平気なのかを見極める。後者であれば，リスクを定量化して，ビジネスサイドがそれを理解していれば，チャレンジさせてあげればいい。

芦原　なるほど。逆に，この取引は手固く行いたいからリスクを取ってはいけない，なども見えてくるわけですね。

松下　そうです。それによって契約の文言が変わるはずなのです。

芦原　ありがとうございます。

(2) マネジメント層へのキャリアチェンジ

芦原　次のテーマにいきます。【2－8　法務のキャリア】ということで，弁護士もビジネスの側に回ってみたらどうかというアドバイスを頂いております。私は，弁護士としての専門性を磨こうとしているタイプなので耳が痛いなと感じます（笑）。

　　　松下先生は，ビジネスの側に行ってみたいと思い始めたのはいつ頃からでしょうか。

松下　そうでうね。一社目に入社したとき，ビジネスのほうが法務より大変そうだけれども面白そうに思えました。そして，台湾の子会社のCOOを担当してみないかという話を頂いて，それは二つ返事で引き受けましたね。

芦原　松下先生は，昔から「社長になる」と宣言されていたと聞きます。

松下　「なりたい」とは言っていましたね。

芦原　それはいつ頃ですか。

松下　台湾でCOOを経験して，機会があれば日本でも社長になりたいと思っていました。上場会社の社長というのは努力だけでなれるものではないですが，今，それに近いところで楽しんで仕事をしています。

芦原　会社のトップになると，社内の法務部や弁護士はどのような存在ですか。役立ちますか。それとも，うるさい存在ですか。

松下　当社の場合，私のほうが仕事のクオリティーで彼らにうるさいです。「このリスクは大丈夫なのか」とか，「もう少し契約の内容を明確化した方がいいのではないか」など伝えていますね。私自身は，契約を書く立場にはないですが。

芦原　弁護士が経営者って，仕事がやりにくそうですね（笑）。

名取　たしかに日本では珍しいですね。でも，海外だとロイヤーでCEOとか結構いますよね。必ずしも相反していないし，むしろ必要な資質だと思います。

松下　名取先生だって，IBMでビジネスリーダーを担当されていたわけですものね。

芦原　名取先生は，経営側に進もうとされましたか。

名取　そうですね。それも考えましたけれども，少し時期が遅すぎたかなという気もします。松下先生みたいにGEで経験があれば別だけど，本格的に事業部長を担当したのは50歳を過ぎているでしょう。テクノロジーを理解したり，ビジネス界の人的なネットワークを拡大することに，限界を感じましたね。もう一，二年，事業部長を担当したら，マネジメントに行く自信がついたかもしれないけれども，分岐点でした。

芦原　そうすると，名取先生は，松下先生のように，今後の若手の弁護士たちで，やる気と能力のある人はビジネスサイドに行ってほしいというスタンスですね。

名取　そうでうね。最近ですと，弁護士ドットコムなど，起業して上場されている方も誕生していますし，立派だと思いますね。あの会社が提供するコンテンツはリーガルサービスかもしれないけれども，商売の仕組みづくりを考案したのが素晴らしいです。ビジネスモデルを作ると，応用が利きますから。

松下　もう一つ感心するのは，全く収入がないのにアントレプレナーとしてリスクを取ったことです。なかなか常人にできることではないですね。

芦原　では松下先生は，マネジメントサイドに行く選択には，もう一つ起業家になるという選択肢があるということですね。

松下　そうですね。ただ私は法律事務所を経営するのも起業だと思っています。

芦原　リスクがありますからね。

松下　そうですね。サラリーマンとして経営者を務めるほうが，気楽だと思います。

名取　そんなことはないと思いますが（笑），たしかに年齢的なことや，経済的なことを考えても，抱えているものが若い頃より大きいですから，この事務所を設立した当初が一番不安でした。

松下　ただ，法律事務所の経営の場合，土地勘があるのは大きなアドバンテージだと思います。ビジネスに行くと様々なフィールドで任されるので，慣れるのが大変です。

　　　台湾にいたときは，医療機器のセールスとサービスの会社のCOOでしたが，CEOは別の国にいて兼務でしたので，事実上そこのトップを小さいけれども務めていました。業務内容がセールスとサービスですから，最終的には私みずから売りに行かなくてはならない。いわゆるトップセールスですね。賄賂が決め手になり得る国でしたので，そこをどう賄賂以外の決め手を作っていくかを発案するのは大変でしたが，楽しかったです。

名取　我々は3人とも企業の在籍が長いですよね。経営者も間近に見ていますので，私の現在の能力や経験をたとえて言うなら，"漢字は読める"状態です。要するに，企業で求められる最低限のリテラシーは持っており，外部にいる弁護士の方に比べて，その点ではリードしているのだろうけど，でも"読める"からといって"書ける"とは限りません。「漢字を書け」，つまり，「経営者になれ」と言われると，まだちょっと心許ない気がしますね。松下先生は今，書ける漢字を増やしているところですね。

芦原　なるほど。面白いたとえですね。

松下　外の弁護士に対して私が感じるのは，「この取引で要するに何をやりたいか」ということにはあまり興味を持っていないことです。契約書の字づらだけ追って，ここがいいとか悪いという見方をするので，それでは付加価値が低いと感じます。

芦原　そうですね。先ほどの【2−1　契約】を経済的に見る際の視点ですね。

(3) 法律事務所との付き合い方

芦原 法律事務所というキーワードが出てきましたが，今回【2－4】から【2－6】など，法律事務所に関するテーマが出てきました。外資系企業に勤めていると直面するサバイバル術ですね。法律事務所とのつき合い方は，社内弁護士としては非常に重要だと思います。

　法律事務所と会社との関係は様々だと思いますが，具体的にこういうところがポイントであるというアドバイスがあれば。

名取 私は，アメリカの会社に長くいた影響かもしれませんが，外部の法律事務所は，自社が決めた目的を達成するために使う，あるいはそれを手助けしてもらう存在でしかありません。だから，クライアントが決めたことに対して，違法でない限りは，どんなことであっても結果を実現させる。そのために最大限努力する存在であってほしいですね。

　私も現在，外資系企業がクライアントに多いです。そうすると，彼らの欲求はまさしく自分が外部の法律事務所に求めたことと同じだと実感します。

芦原 日本の社内弁護士であると，外部の弁護士に対して，"意見を伺う"，あるいは"教えてもらう"いう態度で臨みがちですが，もう少し"使う"という発想を打ち出したほうがいいのかもしれませんね。

名取 もちろん，いろいろな情報を仕入れたうえで意思決定することも必要なので，まず教えてくださいと申し出ることもありますが，教えてもらったうえで，では当社はこうしたいという方針を打ち出し，手伝ってほしいと要求する。手伝えないなら，この段階で降りてほしいし，手伝ってもらえるなら，最後まで必死にやり遂げてほしいというスタンスですね。

芦原 『下町ロケット』みたいですね。

名取 そうかもしれませんね（笑）。

　あと，本社が雇った法律事務所がもつ最大のメリットは，コミュニケーション力にあります。日本子会社が下手な英語で報告するより，本社が雇った英語がネイティブな弁護士に報告してもらったほうがスムーズです。ただ，日本子会社にも情報を共有してくれと言わないと，何も伝わらなくなってしまうので，そこは外さないようにします。本社に対しては，どの法律事務所を使っても，情報を共有してくれて，本社が費用負担してくれるなら，自由

だと伝えていました。

芦原　海外の法律事務所は，フィーが高いですよね。

名取　特にイギリスの法律事務所は，日本の倍以上はしますね。

芦原　松下先生は，経営サイドとしてどのような事務所を選ばれますか。国内，国外ともに。

松下　ケース・バイ・ケースで様々な事務所を使います。単に人手が足りなくてルーティーンなことをやるのであれば，リーズナブルさを重視します。構造的に第三者意見が必要な問題は，やはり権威ある「先生」ですよね。それから問題の複雑さや専門性で選ぶならその道のプロです。

芦原　私は法律事務所を選ぶ際は，一緒に仕事をして勉強になりそうか否かを基準に選んでいます。小さな案件をまずお願いしてみて，よかったと思えた事務所を選ぶようにしています。そう思えないときは，自分が代理人として法廷に立ちますね。

　外資系企業なので，やはり外部弁護士をツールとして考える文化はありますが，私はどちらかというと，知識やノウハウを学べることを大切にしています。ただ法務予算が比較的ある会社が続いたので，こんなことが言えるのかもしれません。

名取　法律事務所を選ぶ際に，業法に詳しいことは関係ありますか。

芦原　業法で選ぶと，選択肢はぐっと減ってしまうのですが，業法に基づいて免許が与えられている事業会社ですので，業法に詳しい事務所は不可欠です。その意味で，とても狭い世界なのですが，それでも省庁に勤めた才気煥発な若い弁護士などに出会うと，一緒に仕事をしていて楽しいですよ。

　名取先生は，ご自身が法律事務所の側になって気づいたことはありますか。

名取　そうですね。事務所を立ち上げた後に感じたのは，外資系企業のクライアントから労働問題の相談が多いことです。

　社長をクビにすることもあれば，ローパフォーマーにやめてもらいたいなどの相談ですね。外資系企業からすると，日本の労働法制が厳しくてなかなか切れないことに悩んでいます。

芦原　私は実際に，労働審判で会社を代理して外国人と争いましたが，彼らはハイリスク・ハイリターンと言って入社するくせに，やめさせられそうにな

ると，ノーリスク・ハイリターンです（笑）。自分は日本の法律に守られていると知っているんですよね。
名取　そうですね。労働紛争の相談は多いですよ。その手前のネゴシエーションを依頼されることもあります。
芦原　社内プロセスを分かっていらっしゃるからでしょうね。
名取　そうかもしれないです。IBMでも，しょっちゅう担当していましたから。

3　防衛力アップ

(1)　賄賂対策

芦原　次の「3章　防衛力アップ」に移ります。防衛力と言っても，大きく2種類あって，賄賂対策の話と，社内における自己防衛のノウハウです。
　まずは，賄賂対策について聞きたいと思います。方法としては，【3－1】のように全世界的な統一ルールとしてきちんと定める場合と，【3－2】のように現地オーダーメイドのルールを定める場合の2種類があります。3つ目の方法として，これらのルールを作らずに，臨機応変に現地に任せるやり方もあるかもしれませんが，危険だと予想されます。賄賂対策について，お聞かせ願えますか。

松下　生々しい話ですが，海外では，商売をとるために金銭を支払うのは，少なからぬ国で普通の感覚です。
芦原　レストランのウエイターに対するチップのような感覚に似ていますか。
松下　そうですね。チップであったりお中元のような感覚ですね。取引先からの接待を受けるような気持ちで金銭のやり取りをします。購買担当者の家が建つなんて，どこかの国では当たり前です。また，賄賂に限らずプライベートリベート，民間企業のキックバックも頻繁にあります。そして，そういった文化に負けずに，自社の財産や利益を最大化するには，どう防止するかを考えなくてはいけません。ですので，単に賄賂を渡す，渡さないの問題ではなく，より大きな視野でこの課題を捉える必要があります。
芦原　【3－1】のようにグローバルに賄賂行為を禁止する方法と，【3－2】のように国ごとの特別ルールをつくる方法の2種類を挙げて頂きましたが，実際に会社によって違いますか。

松下　全面禁止に近い企業はありますよ。ルールとプロセスの両方でガチガチに縛っていますが，本当にまったく金銭のやり取りがないのかは，私には見えなかったですね。

芦原　表向きでも全面禁止にできるのは，その企業のサービスや商品に対してのニーズがあるからでしょうね。

松下　そうですね。それと，賄賂やリベートに対するリスクがあまりに大き過ぎるからですね。FCPAの課徴金とか，入札停止や入札資格喪失というペナルティを課されてしまいます。たとえば半年間，入札資格を停止されたら，何十億，何百億の売上が飛ぶ場合がありますから。

芦原　逆に，特定の地域について，例外を認める方法も実際されましたか。

松下　私自身は経験がないですね。せいぜいファシリテーションペイメントを限定的に認めていく，あるいは接待をある程度認めていく方針をとったくらいです。ただ，賄賂と認定されるのは全部ダメだと言っていました。

芦原　私は，賄賂もファシリテーションペイメントも，両方あまり関わり合いのない業種にいるので，お伺いしたいです。両者をどのように区別するのか，という基本的なことなんですが，何もないところに利権を発生させるのが賄賂で，ファシリテーションペイメントは，レストランで言うチップのように，渡さなくても注文したお皿は出てくるけれども，ウエイターに気持ちよく持ってきてもらうために出す性質のお金という理解でよろしいでしょうか。

松下　そのような整理で問題ないと思います。あと，2つの違いは金額の大小です。

芦原　そうすると，金銭の性格と額で2つは分けられるということですね。ありがとうございます。今，松下先生が勤めていらっしゃる会社ではルール模索中ですか。

松下　今の会社は賄賂を渡す必要があまりない業種なので，そこまで悩んでいませんね。ただ，今後中国で出店拡大していく際はどうなるか分からないですけれども，当社の顧客は消費者ですから，商品を買ってもらう観点では賄賂ではなく，経費を出してプロモーション活動を行うなどです。BtoCだから，キックバックの世界もないですし。ただ，中国とか東南アジアの出店担当者がバックマージンをもらって，不利な条件で契約を締結してしまうリスクは

依然ありますので，ここは注意したいですね。

芦原 ありがとうございました。名取先生は，賄賂とかファシリテーションペイメントの問題に関わることはありましたか。

名取 基本的にはなかったですね。ちなみに，IBMはファシリテーションペイメントすらダメというルールなのです。すべての国において，当たり前の社会儀礼的なものでも基本的にダメだと。

芦原 日本でも，お中元やお歳暮など，微妙なところもありそうですが。

名取 難しいですよね。最近は，経産省がFCPAのガイドラインに基づいて，ファシリテーションペイメントは原則禁止とする基準を出していますからね。

松下 世界的な潮流としては，名取先生がおっしゃったように，少額でもファシリテーションペイメントのやり取りに厳しくなっていることは理解しなければいけないですね。

　ただ，現実に東南アジアや中国で仕事をするうえで，ファシリテーションペイメントを全部止めたら仕事は止まります。本当に止まります。

　通関を通るのが1日～2日だったのが何週間もかかるようになったり，消防法のチェックで根掘り葉掘り聞かれて何億円もかかる修理工事を命令されたり，現地に日本人を送りこむときにビザが下りないとか，税法，行政上の細かい手続で，不都合が山のように噴出します。

　ですから，ファシリテーションペイメントの全面禁止を，ルールとして定めるのは簡単ですが，結局，現場にリスクを押しつけるだけです。欧米系の企業ではよくなされますが，こういう杓子定規な対応が続くと，法務部が信頼されなくなってしまいます。

芦原 それは，理不尽なことを命令するからですか？

松下 そうではなくて，ファシリテーションペイメントをやめろと法務部が一律に定めると，ビジネスサイドは通関が遅れたり，計画通りのタイミングに商品が市場に入らず機会損失を被って不良在庫になったり，大変な目に遭います。片方が支払いたい，片方はダメと言う，板挟みの状態だから仕方なく，現地の従業員がリスクを取って支払うわけですね。ファシリテーションペイメントぐらいなら仕方ないだろうと。

　ただ，そこからさらに一歩進んで賄賂を送るかどうかとなると，かなり大

きなリスクになります。なぜかと言うと，ファシリテーションペイメントは，現地で個人が刑事事件として訴追されるリスクは極めて低いからです。けれども，賄賂はそのリスクが一定程度あるのでたいへん危険です。特に中国は，政治体制が変わると芋づる式に大物の役人が検挙されて，それに伴って，賄賂を送っていた民間人も逮捕されてしまいますからね。

芦原　ファシリテーションペイメントまで禁止する方向に傾いているグローバルな流れの中で，現実に対処するには，今後さらに工夫が必要になるでしょうね。

松下　会社で公に認めるなら，かなり慎重にルールとプロセスを作らなければいけないですね。

芦原　なるほど。ありがとうございました。

(2)　情報をオープンにする

芦原　さて，3章の後半は，【3－3　We don't know yet.】など，社内における自己防衛の話です。

　英語表現の問題というよりは，日本子会社が，情報を「すでに知っている」「まだ知らされていない」と，状況を把握して適切に表明することが，業務を円滑に進めるために必要だということです。このテーマはやや政治的な問題提起ですが，ほかにこういう「空気を読む」技法はありますか。

名取　そうですね。現在，私はオリンパスの社外監査役を務めていますが，有価証券報告書の虚偽記載を理由に，証券訴訟を多数起こされました。会社としては，何らかの責任を負うのは承知していますが，会社の存続もかかっているので，損害認定額を圧縮しようとする。一方，株主は，損害額を最大にしようとする。この攻防のなか，監査役としては，会計上の問題として，そもそも損害を認定するかどうかという問題よりも，具体的にどの金額を，いつ損害額として引き当てるべきか考えます。アメリカなら，かなり早期に引き当てなければいけないわけですから。

芦原　損害額が「ゼロか百」は現実的ではないので，将来起こることを見据えているということですね。

名取　そうですね。ゼロは無理だから，最低限これぐらい引き当てるべきだろ

うと私は経営陣に伝えます。訴訟を起こされた時点になると，かなり冷静に議論ができますので。でも，日本は会計基準の制度が違うこともあり，「まだ引き当てなくても大丈夫」という意見もあります。この問題については，"We don't know yet"の技法は使えないし，余り必要ないかもしれないですね。

松下 私は引き当ての問題は，訴訟を起こされた時点で経理部に確認すると決めています。

　私が"We don't know yet"が使えると考えるシーンは，開示です。金融商品取引法の適時開示は，機関決定をしたら必ず速やかに行わなければいけない。そのために機関決定のタイミングを慎重にします。

芦原 適時開示はいつ情報を出すかの問題もありますが，情報を公開することで経営者や社員をインサイダー取引のリスクから守る側面もありますね。

松下 はい。だから開示することがマイナスばかりではありません。

　ただ，注意しないと適時開示のタイミングを逃してしまうことはあります。もう開示しなくてはいけないタイミングなのに，自分はまだだと思っているうちに開示が遅れると，のちに証券取引所から問い合わせや注意を受けます。

芦原 なるほど。外資系にいると，株式市場対応は本社が行うのが普通なので，なかなか気づきにくい問題かもしれないですね。

名取 開示の問題について，たしかに上場企業はセンシティブです。

松下 そうですね。対外公表予想値から，売上高に対して10％，利益に対して30％以上，社内の着地見込みに変動があれば，上場会社は業績予想を修正しなくてはいけません。

名取 振れ幅の大きい項目が開示対象だから，大変ですよね。

松下 そうですね。業績予想を公表した後に，上方修正や下方修正を繰り返すと投資家やアナリストから信頼を失いますので，気を遣いますね。

名取 あまりヘンな開示をすると，市場操作を疑われてしまいますしね。

松下 まさにそのとおりですね。

名取 社内のレポートラインをはじめ，開示や損害賠償の引き当てなど，誰にいつ，何を言うかについて，慎重に対応しなければならない，ということになりますか。

松下　そうですね。コンプライアンスやリスク関係のトラブルが起こったとき，トップにいつ報告するかは難しいですね。トップに報告した途端，「社長はいつ知ったんですか」と後で聞かれるわけですから。そうすると，大まかな状況把握がされ，記者発表のタイミングや被害者対応の段取りがついて，はじめてトップに報告できます。だからと言って，それに何日もかけるわけにはいきません。日ではなく，せいぜい時間で計算してもいい範囲でしょう。

芦原　トップへの報告が遅過ぎた例で有名なのが，雪印の不祥事ですね。あるいは山一證券などでしょうか。記者会見の場で，記者からの質問に対し，「本当か」と聞き直したりする事態は避けたいですね。

松下　ええ。そういう事態を防ぐには，トップと現場の責任者レベル，たとえば法務部長や広報部長が日ごろから自主的に意思疎通を図って，「社長ならこういう判断をするだろう」と感触を掴むことが重要ですね。トップも現場を信頼して，スピーディーに段取りができる社風をつくる必要があります。これらが上手くいくと，記者会見もスムーズに開けるでしょうね。

芦原　そうですね。私もトップから試されていると感じることがあります。トップも心得ているので，「私ならどう判断するだろうか」というマインドを，日ごろから細かい案件で試します。そういうトレーニングを通して，判断を任せられる人物かどうかを決めているのでしょう。
　"We don't know yet"は，情報を自分の手元にため込めばいいわけでもないから難しいということですね。ありがとうございます。

4　行動力アップ

芦原　では，4章に行かせてください。「行動力アップ」というテーマで，社内での交渉術など，外資系の法務部だと習得が必須となる社内政治のノウハウが前半5つ並んでいます。まずは，社内政治について伺います。やはり外資系の法務部の宿命ですね。こういう立ち位置は。
　また，【4－6】として，チェックリストを作ることで，自分自身のフットワークを軽くできるというアドバイスも頂いています。

松下　日本企業でも政治はいっぱいあります。組織は政治で動きますから。
　ただ，政治は多数者間の意思決定の形成過程であって，文化が違うと意思

決定の形成過程が違い，そのズレが摩擦を生むのです。同質な組織であれば，あうんの呼吸とか不文律があって，それに従って粛々と物事が進むわけですから。

芦原　【4－1　Hard Positionを取る】を読むと，いつも強気な外国人との付き合い方が分かり，興味深かったです。ただ日本人相手に，外国人の論理を振りかざしていると，角がたって結果的には良くないのではとも感じます。本社と取引先の間で，困ってしまう法務部員の姿が目に浮かびますが，実際のエピソードなど，ありますか。

名取　そういうエピソードだらけですね（笑）。ただ，本社がなぜHard Positionのスタンスを取るか考えてみると，彼らの行動の原動力が分かります。つまり，彼らは基本的に短期で成果を出すよう求められており，3カ月ベースで成績を出さなければいけない。日本企業がよく言う長期的な取引関係ができあがる前に，最悪の場合，解雇されてしまう。だから，うかつには妥協できないですね。

　でも日本人からすると，たまたま今回押し切って有利な条件を勝ち取っても，「御社とはもうつき合えない」と言われたら，将来のビジネスチャンスをすべて失ってしまう。それでいいのかとなっても，本社の人間からすれば，3カ月が勝負という事実は変わらないので，あまり気にしないのでしょうね。

松下　将来にわたる会社の利益は，自分の利益とは関係ないですからね。四半期ベースの資本主義ですから。

芦原　ほかに，本社からの強い要望に対し，日本子会社がまあまあまあと納得させるコツやノウハウはありますか。

名取　ハードアプローチに対する説得方法ですね。私が経験あるのは，日本子会社が損害賠償金を支払わなくてはいけなくなった際に，現金の代わりに製品を提供したケースですね。現金での賠償の代わりに，同額相当の製品やサービスを次の四半期で無料で提供しますと。顧客にとってはニーズがあれば，現金の代わりに製品やサービスを受け取ることは，結局，お金が入ってくるのと同じでしょう。それで何とかできませんかと，本社や顧客を説得する方法はよく使っていました。そうすると，財務上の影響がかなり圧縮できるのです。

芦原　オプションを先にあげるので，本体は別に買ってねというビジネスモデルに似ていますね。

名取　それもあります。ソフトウエアを買ってもらえれば，付随したサービスは将来買ってくれます。しかも原価は安いわけだから，ソフトウエアを提供する解決方法は，かなり模索しましたね。

　でも，どの部署がどれだけ経済的な負担をするのかの話が出てくると，面倒なのです。ソフトウエア部門長が，「何でほかの部門の尻ぬぐいをするために，自分たちの収益を落とさなきゃいけないんだ」と怒るのです。そこを何とか我慢してくれと説得に回るのも，法務部門の仕事ですね。

芦原　そこをなだめて収まるのは，日本人だからという印象を受けますね。ありがとうございます。

5　コミュニケーション力アップ

(1)　アメリカ・ヨーロッパ・中国における国民性の違い

芦原　では5章に行きます。コミュニケーション力がテーマです。

　今，日本人がコミュニケーションを取る外国人というと，どこの国が多いでしょうか。

名取　アメリカ人の比重は相対的に落ちて，今後は国際的な潮流からして，中国などのアジア地域でしょうね。

松下　そうですね。アメリカの一極支配が終わっているので，アラブやアフリカ世界とのつき合いも増えてくると思います。

名取　ヨーロッパの比重は今後も高いでしょうね。

芦原　私が留学して感じたのは，ヨーロッパの人々って結構話していて楽しいなと。フランスのエスプリって，おやじギャグに通じるものがあると個人的には思っています（笑）。

松下　中身が何もない（笑）。

芦原　ヨーロッパの中にも，本当は，様々な国民性があると思いますが，ざっくり言って，アメリカ人とヨーロッパの人々との違いは何でしょうか。

松下　先ほど，アメリカはビジネスの周期が3カ月という話がありましたが，アメリカ人は人間関係も短期ですね。その場で会ってすぐに打ち解けて，

ホームパーティーに呼ばれて，お互いすごく仲よくなるのだけれども，ちょっと縁が切れたら何もなくなるという感じです。

名取 彼らは，とにかく変化が好きですよね。"チェンジ"が国民の合い言葉になるくらいですから。トライ・アンド・エラーを繰り返していて，それはビジネスも同じです。試しに人を使ってみて，よければ使う，よくなかったら次と。

芦原 中国人と似ていますね。

松下 たしかに中国人とアメリカ人は割と近いかもしれません。中国人も，短期のスパンで物事を考えます。商売もわりとコロコロ変えます。商機を見逃さない反面，儲からないと分かったら，すぐ次に行く。商売についてはあまり長期に考えないですね。

名取 あと，アメリカ人も中国人も，非は絶対に認めないですね。

松下 そうですね。あと，価値基準が両方とも明確で，似ています。中国人はお金とメンツ。アメリカ人もお金とプライドを大切にします。

名取 アメリカ人は，プライドを刺激しないのが上手いですよね。たとえば，クビにしても，「彼自身の決意で次のキャリアを探すことに決めた」というような表現をしますしね。

芦原 私はアメリカで暮らした経験は2年弱ですが，アメリカ人の一人一人はとてもいい人なのだけれども，群れるとちょっとという感想を聞いたことがあって，それは私も全く同感です。一人一人はホスピタリティーにあふれているのに，集団になったときに生まれる強烈なパワー，たとえば世論などですが，あれは怖いなと感じます。中国人はいかがでしょうか。

松下 そうですね。中国人の中には，教条的な人が時々いるので，注意していますね。たとえば日中関係に対する見方だとか，政治的なイデオロギーに対して，一家言ある方がいるので，刺激しないようにしています。

　たとえば私がロースクールのゼミで，中国からの留学生もいる中で，台湾が国であるという前提で話をしていたら，「台湾は国ではない」とぴしゃっと言われて，教授と一緒に驚いた経験がありますね。国際法の定義は，領土とそれを統治する組織，統治する意思の三要素があれば，国家ですからね。でも，そんなこと言っても始まらないし，向こうも妥協しないので，黙って

いました。

　ただ，ビジネスをする中国人は，そんなことないです。やはり日本の若い方もそうですけど，中国の若い方も歴史をあまり知らない。あたかも知っているかのように振る舞いますが，中国共産党が教えてきた歴史しか知らないから，なぜ日本で明治維新が起き近代化に成功する一方，中国は植民地化されていったかなど，世界史全体を見る目がないです。

芦原　そうですね。物差しが，自分の好みに"合う""合わない"で自国や周辺国を捉えていますね。

松下　今，日本は経済力が落ちているから，それにつれて反日感情も高まっていますが，もっと日本の国力が上がれば言われないのにとは思います。日本の"失われた20年"というと，国内に目が行きがちですが，国際的にも失ったものは，大きかったのです。

芦原　そういう事態は本当に残念に思います。

(2) 英語以外の言語によるコミュニケーション

芦原　さて，英語でない言語でコミュニケーションするときの感覚，英語と違う場面はありますか。

松下　ヨーロッパの人と英語で話すときは，同じ単語でも，意味が違っていることがあります。たとえば，フランス人が英語だと思って使っている単語は，英語にもある単語なのだけれども，その意味はフランス語の意味として使っているのです。ドイツ語も同じで，これを理解していないと誤解が生じます。

　たとえば，アメリカでは"ユニバーサル"というと映画か，あるいはユニバーサルデザインといった意味で使います。以前，フランス人と英語で話したとき，アメリカ人が"ジェネラル"と表現する場面で"ユニバーサル"と言っているのを耳にしたことがあります。

芦原　私も，スイスの本社にいるドイツ系スイス人が送ったメールの意味を解読しようと，日本支社にいるイギリス人とパソコンの画面を見ながら話し合ったりしていますね（笑）。

松下　イギリス人とアメリカ人でも，単語の使い方が違いますね。たとえばイギリス人が言う"スキーム"の意味は，"方法"という意味でニュートラル

ですが，アメリカ人が"スキーム"と言ったらタックスヘイブンなど，制度をすり抜けて悪巧みをするというイメージです。

名取 日本人はスキームという単語をわりと気兼ねなく使いますが，アメリカ人相手にはあまり使わないほうがいいですね。

芦原 "プラン"とか"ストラクチャー"という単語のほうがよさそうですね。

6　英語力アップ

(1)　同じ文章でも受け止め方が違う⁉

芦原 次の6章に移ります。英語力アップがテーマですが，外国人とコミュニケーションをとるうえで心がけるといいことはありますか。

松下 私は，言語というのはコミュニケーションツールであると同時に，その地域や国の文化だと思っています。だから，単なるツールとして，日本語ですべての単語が置き換えられると思ったら間違いだと肝に銘じています。

　もちろんビジネスレベルだと，ツールとして扱わないと始まらない側面ももちろんあります。ただ，事実を伝えたいのではなく，人の心に響くことを伝えたいと思ったら，ツールではなく文化的な要素を理解して，いろいろな表現を練っていかなければいけないと思うのです。

芦原 なるほど。私は，コミュニケーションするときは，言葉のやり取りではなく，"共通のイメージ"を描けたという手ごたえがあれば，こちらの言いたいことが伝わったなと感じます。すると，イメージを共有するうえで，文化の相互理解は欠かせないということですね。

名取 そうですね。同じ文章を伝えても，受け取られ方が全然違った経験が私はあります。大きな紛争を担当したとき，相手方の代理人から「2桁は必要になりそうだ」と言われたので，私としては「そうか。9億円じゃおさまらなくて，10億円は行きそうなんだな」と受け止めました。代理人の言葉を，そのままアメリカの本社に伝えたところ，「では99億円，払わなければいけないのか」と聞き返され，えっと驚きました。国や文化によって，捉え方が違うのだから，もっと表現に注意すべきだったなと反省しましたね。「A（1ケタ）」と「Aでない（1ケタではない）」の間には，10から99までの幅があるのですから。

芦原　向こうは「3桁まではいかない2桁」と捉えたのですね。

名取　そういう違いに注意しないと，日本人同士の暗黙の了解，もしくは，日本語がもつ論理で思考してしまうと，お互いにギャップが生まれてしまいます。

芦原　ありがとうございます。私が英語を話している日本人を見て，よく感じるのは，"ロジック"を，正しい文法でしゃべることだと考える人が多いことです。

　関係代名詞などを使って複雑な文章にするのではなく，とにかく単語を適切に，構成を骨太に見せるほうがよほど伝わるのではと思います。

　松下先生は，ロジカルに話すことを意識されますか。

松下　場合によりますね。コミュニケーションするうえで，ロジックも大事ですが，自分が何を伝えたくて，相手にどうしてほしいか，コミュニケーション自体の目的を明確にすることを大切にしています。

　たとえば，この会議で自分はどういう成果がほしいのか。そのためには相手にどうコミットしてほしいか。そのコミットを引き出すためには，相手に理解してもらい，同意を得て，納得させ，共感を得て動機づけるというプロセスに至れば理想的です。その際に大切なのは，理解や同意を得るには，まず自分の英語でロジカルに説得すること。そして，共感を得るためには私の意見を押しつけるのではなく，いくつもの質問を通じて，相手の「気づき」を促し，相手に自分の意見として言わせることです。また，相手方のメリットとデメリットを把握し，会議の目的と結びつける示唆をすることも有用です。

　これらの使い分けは，自分の目的と相手の立場を把握して，しっかり考える部分ですね。それができればあまりロジックが通っていなくても，人は動きます。

芦原　非常に勉強になります。

(2)　イントネーションや語順による意味合い

松下　もうひとつ言うと，"1対1"の対話と"1対大勢"でメッセージを「伝える」のはまったく異なります。大勢を前にして，説明やスピーチをす

るときは，とても気を遣います。以前，買収したフランス企業の全店店長会で，CEOとして，フランス語でスピーチをする機会がありました。何度も練習し，メモを見ながら話しましたが，「一緒にそのブランドを成功させたい」というメッセージが伝わり，とても喜ばれ，友好的な雰囲気になりました。

芦原　先ほどの文化的な理解が必要ということですね。

松下　そうですね。あと，やはりどこの国の人も嫌がるのは，自分を否定されることです。もし相手に何か意見があるときは，一旦認めたうえで伝えることです。"Yes but"と言って，"No"から会話を始めないことですね。"No"と言った瞬間に，コミュニケーションが止まる可能性がありますから。

芦原　おっしゃるとおりです。

　この章は英語力アップですが，ほかの国の言葉で何か英語と違った配慮が必要というの点はありますか。私をはじめ，英語で手いっぱいという方も多いとは思いますが。

松下　技術的なことですと，中国語は発音よりも四声（イントネーションや強弱）が合っていれば通じます。英語もアクセントの場所がずれると，発音が合っていても通じないですよね。それと似ています。人間は割とリズムで話しますから。だから中国語を勉強するときは単語を一つずつ覚えるのではなく，フレーズで覚えるといいと思います。

名取　英語も，文章のどこに力を入れて発音するかで，意味が変わりますよね。"great"というときでも，バカにしている場合もあれば，素直に素晴らしいと褒めている場合もある。

松下　"good job"もそうですね。

芦原　イントネーションなどで，意味はだいぶ変わりますよね。

　聞いた話だと，日本語は，たとえば助詞や助動詞などが豊富で使いこなすのが難しいのですが，このように文法の仕組みが精密なので，多少順番をひっくり返そうがイントネーションを変えようが，意味が間違いなく伝わる。一方，英語は文法が簡単なので，ちょっと単語の順番をひっくり返した途端に意味が異なってくる。だから，イントネーションや語順が，貧弱な文法を助けるために機能していると聞いたことがあります。

松下　そういう意味では，中国の文法は相当あいまいですね。単に単語を並べ

ているだけの気がします。
　中国語をそこまで体系的に勉強したことはありませんが，自分の経験の範囲でいうと，be動詞をはじめ動詞や，主語と述語はあるけど，その単語同士の関係性は曖昧ですね。契約書を書くとき非常に苦労しました。
芦原　たしかに漢文の授業を思い出すと，単語の間にレ点などの返り点や送り仮名を入れて，日本語の助詞，助動詞，副詞を差し込んだり，文法を整えたりしていますね。日本人から見ると，骨になる単語しか並んでいないということですね。そうすると，日本語における助詞や助動詞の役割をイントネーションや語順がしているのかもしれませんね。

■　若手へのメッセージ　■

芦原　さて本書を執筆した動機として，我々3人は社内弁護士が非常に少なかった時代からの社内弁護士であり，参考となる先例や先輩のアドバイスなどがほとんどない中，手探りで苦労してきた部分が多くありますが，これからの若い社内弁護士たちには，そのようなある意味，無駄な苦労で貴重な時間や機会を失ってしまうのではなく，もっと要領よく活躍し，我々以上に活躍してほしい，このような意味で，後進の若い方々に有益な情報を伝えられればという思いがありました。
　ではまず名取先生，あらためて何か読者の方へメッセージはありますか。
名取　3人とも海外に本社のある外資系企業で働いていましたが，今後は日本の本社がグローバルに世界中の子会社を管理する際に，我々の経験が役に立てばいいなと思います。外資系企業のノウハウが，グローバル化した日本企業にすべて上手く適用できるかは分かりませんが，多少のヒントになればと思います。もちろん，日本流にカスタマイズする必要があると思いますし，外国人ができることを日本人が全部できるとも限りませんが。
芦原　我々の技法をアレンジして使ってもらえるといいですね。松下先生，いかがでしょうか。
松下　私は，18年の会社人生のうち，法務の仕事より，マネジメントの業務が長くなってきていますが，その経験から知識や仕事の仕方を若い方々に伝え

たいですし，参考になる面があれば嬉しいです。彼らへのメッセージとしては，自分たちのスキルを会社の成長や企業価値の向上にどう役立てるかを真剣に考えてほしいし，それぞれ違ったスキルを，自ら限界を設けることなく最大限伸ばし，その結果，会社の事業を通じて，社会に価値を生み出すことへ貢献することにつなげてもらえばと思います。

　これだけ弁護士が増えてきたのですから，法律家としての基本的な素養を活かして，様々な分野にチャレンジしてほしいです。そして，自己実現しながら自分なりの方法で社会に貢献していければ素晴らしい職業人生が送れると思います。

芦原　名取先生，松下先生，いただいた原稿だけでは分からない，とても具体的で貴重なお話をお聞かせいただきました。本日は，ありがとうございました。

■著者紹介

芦原　一郎（あしはら　いちろう）
弁護士法人キャストグローバル　パートナー
＜執筆担当＞
【1-2】・【3-4】・【3-5】・【4-2】・【4-3】・【4-5】・【5-5】・【5-6】・【5-7】・【5-8】・【6-1】・【6-2】・【6-3】・【6-4】・【6-5】・【6-6】
＜学歴と資格＞
　早稲田大学法学部（1991年）とボストン大学ロースクール（2003年）を卒業。日本（1995年，47期）と米ニューヨーク州（2006年）で弁護士登録，証券アナリスト登録（CMA®，2013年）。
＜職歴＞
　森綜合法律事務所（現森・濱田松本法律事務所，1995年〜），アフラック（1999年〜），日本GE（2009年），みずほ証券（2009年〜），チューリッヒ保険／チューリッヒ生命（2013年〜）などを経て，2020年から現職。
　東京弁護士会で民暴委員会（1995年〜）や労働法委員会（2006年〜，副委員長2016年〜）などに所属，日本組織内弁護士協会で理事（2012年〜），大宮法科大学院（ロースクール）で非常勤講師（2009年〜2010年），司法試験委員（2020年〜2024年）なども歴任。
＜主な論文＞
「社内弁護士による労働問題への関わり」（東京弁護士会編「弁護士専門研修講座　労働法の理論と実務」／ぎょうせい，2010年）
「法務部の機能論と組織論」①〜⑦（NBL926号以下／商事法務，2010年）
「第三分野の保険」（落合誠一・山下典孝編著「新しい保険法の理論と実務」／経済法令研究会，2008年）
「法務部とガバナンス　〜『定期便プロジェクト』の試み」（奥島孝康編著「企業の統治と社会的責任」／きんざい，2007年）
「精神障害による自殺（判批，大分地判平17.9.8判時1935.158)」（保険事例研究会レポート215／生命保険文化センター，2007年）
＜主な著書＞
『法務の技法』（中央経済社，2014年）
『ビジネスマンのための法務力』（朝日新聞出版，2009年）
『社内弁護士という選択』（商事法務，2008年）
『企業による暴力団排除の実践』（共著（東京弁護士会　民事介入暴力対策特別委員会編）商事法務，2013年）
『実務家のための労働判例読本』（産労総合研究所／2020年以降毎年刊行）

名取　勝也（なとり　かつや）
ITN法律事務所　代表弁護士

<執筆担当>
【1−3】・【1−4】・【1−8】・【2−5】・【2−6】・【2−7】・【3−3】・【4−1】・【4−4】・【6−7】・【6−8】・【6−9】・【6−10】

<学歴と資格>
　慶應義塾大学経済学部（1982年），ワシントン大学ロースクール（1990年），ジョージタウン大学ビジネススクール（1993年）を卒業。1986年第二東京弁護士会に弁護士登録。

<職歴>
最高裁判所司法研修所　司法修習生　38期
1986年	桝田江尻（現西村あさひ）法律事務所　アソシエイト
1990年	Davis　Wright Tremaine法律事務所（シアトル）Visiting Lawyer
1991年	Wilmer Cutler & Pickering法律事務所（ワシントンDC）Visiting Lawyer（part time）
1993年	エッソ石油株式会社　法務部
1995年	アップルコンピュータ株式会社　General Counsel　法務・渉外本部長
1998年	サン・マイクロシステムズ株式会社　General Counsel　取締役法務本部長
2002年	株式会社ファーストリテイリング　General Counsel　執行役員　法務部長，店舗開発部長
2004年〜2009年	日本アイ・ビー・エム株式会社　General Counsel　取締役　法務・知的財産・コンプライアンス担当
2012年	名取法律事務所創設
	オリンパス株式会社　社外監査役（〜2019年）
2015年	三井海洋開発株式会社　社外取締役（〜2021年）
2016年〜現在	グローバル・ワン不動産投資法人　監督役員
2019年	オリンパス株式会社　社外取締役　監査委員会委員長（〜2021年）
2020年	株式会社タウンズ　社外取締役（〜2023年）
2020年〜現在	ITN法律事務所創設
	株式会社リクルートホールディングス　社外監査役
	サークレイス株式会社　社外監査役
2021年〜現在	東京製綱株式会社　社外取締役
2023年〜現在	東洋建設株式会社　社外取締役
2024年〜現在	ベルフェイス株式会社　社外監査役

慶應義塾大学法科大学院非常勤教員（2004年〜2018年）
テンプル大学ロー・スクール日本校教授（2004年〜2016年）
内閣府総合科学技術会議専門委員（2009年）
外務省ODAの不正腐敗事件の再発防止のための検討会委員（2009年）
文京学院大学客員教授（2013年〜2015年）
国際知的財産法研究会委員（2013年）
経済産業省 国際競争力強化に向けた日本企業の法務機能の在り方研究会 座長（2018年〜2019年）

松下　正（まつした　まさ）
大東建託株式会社　取締役　監査等委員会委員長
＜執筆担当＞
【1-1】・【1-5】・【1-6】・【1-7】・【2-1】・【2-2】・【2-3】・【2-4】・
【2-8】・【3-1】・【3-2】・【4-6】・【5-1】・【5-2】・【5-3】・【5-4】
＜学歴と資格＞
　中央大学法学部（1983年）及びハーバードロースクール（1993年）を卒業。
＜職歴＞

1986年	品川区役所　主事
1987年	最高裁判所司法研修所　司法修習生 41期
1989年	東京青山法律事務所（現ベーカー＆マッケンジー法律事務所）アソシエイト（1993年ベーカー＆マッケンジー香港事務所　アソシエイト），1996年同事務所パートナー
1998年	ジーイー横河メディカルシステム株式会社（現GE ヘルスケア・ジャパン株式会社）ジェネラルカウンセル，法務特許室長，1999年同社取締役
1999年	GE Mediland Medical Systems, Ltd. 董事
2000年	General Electronic Company, Senior Counsel, Medical Systems／GE Medical Systems Taiwan, Ltd., 総経理 COO
2002年	ジーイー横河メディカルシステム株式会社　取締役GPC統括
2003年	日本ゼネラルエレクトリック株式会社　取締役副社長
2004年	ジーイーコンシューマーファイナンス株式会社　シニアカウンセル，チーフコンプライアンスオフィサー，オーディットリーダー
2005年	株式会社ファーストリテイリング　取締役／株式会社ユニクロ　取締役／ユニクロ中国有限公司　董事長
2006年	FR France S. A. S.，取締役会長 CEO
2007年	COMPTOIR DES COTONNIERS, 取締役会長 CEO／Princesse tam.tam, 取締役会長 CEO
2008年	株式会社リンク・セオリー・ホールディングス　社外取締役
2009年	シーメンス株式会社（現シーメンス・ジャパン株式会社）エグゼクティブ バイスプレジデント，2010年同社取締役
2011年	コクヨ株式会社　取締役常務執行役員／国誉上海企業管理有限公司　董事長
2015年	株式会社アダストリア　取締役　最高執行責任者
2016年	Marine Layer, Inc. 取締役
2017年	株式会社アダストリア　代表取締役
2018年	株式会社サイプレス　社外取締役（現職）
2020年	学校法人沖縄科学技術大学院大学学園　副学長統括弁護士
2022年	株式会社手原産業倉庫　社外監査役（現職）
2023年	株式会社アジラ　社外監査役（現職）
2023年	大東建託株式会社社外取締役　常勤監査等委員（現職）

＜著書＞
『中国投資法入門』（ダイヤモンド出版，1993年）
『アジアビジネス法務ガイド』（共著，日経BP出版，1995年）

国際法務の技法

2016年7月5日　第1版第1刷発行	
2024年6月10日　第1版第2刷発行	

著　者　芦　原　一　郎
　　　　名　取　勝　也
　　　　松　下　　　正
発行者　山　本　　　継
発行所　㈱中央経済社
発売元　㈱中央経済グループ
　　　　パブリッシング

〒101-0051　東京都千代田区神田神保町1-35
電話　03 (3293) 3371 (編集代表)
　　　03 (3293) 3381 (営業代表)
https://www.chuokeizai.co.jp
印刷/三英印刷㈱
製本/㈱関川製本所

ⓒ 2016
Printed in Japan

＊頁の「欠落」や「順序違い」などがありましたらお取り替えいた
しますので発売元までご送付ください。(送料小社負担)
ISBN978-4-502-19251-7　C3032

JCOPY〈出版者著作権管理機構委託出版物〉本書を無断で複写複製(コピー)することは，
著作権法上の例外を除き，禁じられています。本書をコピーされる場合は事前に出版者著
作権管理機構(JCOPY)の許諾を受けてください。
JCOPY〈https://www.jcopy.or.jp　eメール：info@jcopy.or.jp〉

好評発売中

裁判例からわかる
介護事業の実務

芦原　一郎［監修］　　弁護士法人かなめ［著］

Ａ５判／324頁

　裁判例の中で、可能な限り要点のみを抽出し、介護事業所において一般的に注意すべき事項を説明。介護事業の実施にあたり、法務の観点での予防策や事後対応などの参考になる。

【本書の構成】

第１章　利用者とのあれこれ

第２章　職員とのあれこれ

第３章　行政とのあれこれ

第４章　WEBに関するあれこれ

第５章　経営に関するあれこれ

中央経済社

好評発売中

国際企業保険入門

芦原 一郎 ・大谷 和久 [編著]

Ａ５判／324頁

　欧米企業が実践するリスクマネジメントや保険手配の手法をＱ＆Ａ方式で紹介。効果的な危機管理体制構築や保険プログラム見直しなどを解説する、海外進出企業の新しい必読書。

【本書の構成】

第1章　企業経営とリスク
第2章　海外子会社のリスク管理
第3章　国際企業保険の注意点
第4章　企業財物保険
第5章　賠償責任保険
第6章　経営リスク保険
第7章　ボンド
第8章　リスクエンジニアリング
第9章　事故と保険金請求
まとめ

中央経済社

― シリーズのご案内 ―

法務の技法〈人事労務編〉

芦原一郎［監修］　佐山寧秀・中野知美［編著］
畑山浩俊・米澤　晃・淺田祐実［著］　　Ａ５判／312頁

　担当者が押さえておくべき重要判例を分析し、トラブルの原因と対応のポイントを解説。基礎から応用まで活用できる、現場目線の労務実践書。おまけ小説で実務感覚をさらに理解。

経営の技法

久保利英明・野村修也・芦原一郎［著］　　Ａ５判／388頁

　既存のガバナンスやコンプライアンス概念の問題点をあぶり出し、経営にいかすツールとして正しく用いるための「本質」を説く。法とビジネスを融合する新しい経営実践の方策。

法務の技法（第２版）

芦原一郎［著］　　Ａ５判／304頁

　社内弁護士として活躍してきた著者の経験やノウハウを親しみやすい文章に結晶化した、全法務パーソン必携の実践書。第１版の内容に"実践問題"を加え、待望のリニューアル！

法務の技法〈OJT編〉

芦原一郎［編著］　　Ａ５判／306頁

　日本組織内弁護士協会（JILA）所属のインハウスローヤーによる実務の「今」が分かる33事例。リアルな設定事例とその解説を通して、社内弁護士の思考方法と解決力が得られる。

中央経済社